Hoy, 02 de [...]
yo, en compañía de personal
q' te apreciamos, al leerlo, Uaz
a cambiar y demostrar la
bella persona q' eres y tus
grandes sentimientos.
nunca es tarde...
te aprecio. Un abrazo.
tu amigo.
Pick Williams

EL ARTE DE LA PAZ

EL ARTE DE LA PAZ

EQUILIBRIO EN LUGAR DE CONFLICTO EN
EL ARTE DE LA GUERRA
DE SUN-TZU

PHILIP DUNN

 Neo Person

Título original: *The Art of Peace. Balance over Conflict in Sun-Tzu's the Art of War*

Cubierta: Rafael Soria

Traducción: Blanca González Villegas

© Philip Dunn, 2003
Editado por acuerdo con Jeremy P. Tarcher/Putnam,
una división de Penguin Group (U.S.A.) Inc.
375 Hudson Street, Nueva York, NY 10014
www.penguin.com

Página 98: Leopold Staff, *Empty Room,* Dufour Editions, 1983.
Páginas 179-180: Dhammapada, recogido por el autor de una traducción del pali al tibetano,
por dGe-'dun Chos-'phel

De esta edición:
© Neo Person ediciones, 2004
Alquimia, 6 - 28933 Móstoles (Madrid) - España
Tels.: 91 614 53 46 - 91 614 58 49
Fax: 91 618 40 12
www.alfaomega.es - E-mail: contactos@alfaomega.es

Primera edición: febrero de 2006

Depósito legal: M. 3.364-2006
ISBN: 84-95973-19-7

Impreso en España por Artes Gráficas COFÁS, S.A. - Móstoles (Madrid)

Para Manuela Dunn Mascetti

ÍNDICE

SOBRE EL CONOCIMIENTO
DE NOSOTROS MISMOS

FLEXIBILIDAD

平

Introducción
IMÁGENES DE CHINA

MI PROPÓSITO al escribir *El arte de la paz* ha sido ofrecer una perspectiva completamente nueva (y al mismo tiempo absolutamente fiel al original) del clásico chino *El arte de la guerra*, escrito por Sun-Tzu Ping-Fa hace más de dos mil años. *El arte de la paz* ofrece al guerrero espiritual moderno una interpretación diferente de este creativo texto. Su intención es aportar al espíritu humano un punto de vista nuevo, trazando una imagen de nuestro potencial para guiar a la humanidad de forma armoniosa con la Tierra, un planeta en el que reina la armonía en todos los demás órdenes.

El texto original de *El arte de la guerra,* en el que se han basado la traducción e interpretaciones del presente libro, está escrito en chino, es decir, con pictogramas, lo que significa que emplea dibujos, no palabras, a diferencia de los escritos en los demás idiomas. *El arte de la guerra* original estaba dibujado, no escrito. Cada palabra china está formada por diferentes trazos del pincel o de la pluma. De hecho, los pictogramas se usan como expresiones artísticas, además de informativas.

La escritura china asigna un único símbolo particular o «carácter» a cada una de las palabras de su vocabulario. Para poder leer en este idioma es necesario conocer entre dos mil y tres mil caracteres, y el diccionario chino contiene más de cuarenta mil, ordenados según su sonido o su forma. Los textos más antiguos que conocemos son unos oráculos de los adivinos de la corte de principios del siglo XIV a.C., en la época de la dinastía Shang, grabados en caparazones de tortuga y escápulas de vaca, que reciben el nombre de «huesos-oráculo». Aunque desde entonces hasta nuestros días el sistema de escritura se ha normalizado y ha variado estilísticamente, sus principios y muchos de sus símbolos se mantienen básicamente iguales. La escritura china actual es, por tanto, prácticamente la misma que dibujó Sun-Tzu en *El arte de la guerra* hace dos mil quinientos años. A diferencia de otros idiomas escritos, el chino todavía usa los pictogramas, además de los símbolos fonéticos. Sus indicaciones de sonido no han sido adaptadas a los cambios en la pronunciación y han permanecido ancladas en la articulación de hace tres mil años. La base del sistema está formada por varios cientos de pictogramas que representan palabras elementales, como *hombre, caballo* o *hacha*. Los pictogramas ampliados o «compuestos» están formados por combinaciones de trazos. Así, por ejemplo, el símbolo que representa un *hombre* cargado con *grano* significa *cosecha* o *año (nian)*.

Por este motivo, un pictograma chino puede tener significados y contenidos diversos y expresar varios conceptos o nociones diferentes, e incluso una idea que lleva intrínsecamente a otra, todo ello implícito en una serie de trazos. Esto ofrece al traductor una amplia gama de posibilidades que, especialmente para nosotros los occidentales, a menudo pueden no ser obvias, ya que nuestro idioma no tiene esa amplitud semántica. Por ejemplo, el pictograma de la palabra *caos* puede significar también *oportunidad,* dependiendo del contexto. Los chinos buscan informar al lector de las oportunidades contenidas dentro de esa idea y, lo que es más, hacernos conscientes de que cada situación tiene más de un aspecto y de que cada pictograma tiene una historia que contar. Los pictogramas de *guerra* y *paz* son ejemplos perfectos de todo esto.

El pictograma chino *guerra* es un dibujo de un hombre blandiendo un hacha. Originalmente podría haberse referido al acto de cortar o derribar cualquier cosa. El pictograma 兵 de *guerra* se pronuncia «b'ing». El pictograma 乎 de *paz* se pronuncia «p'ing».

La descomposición del pictograma *paz* nos muestra un «tallo de bambú» (trazo dibujado de izquierda a derecha hacia arriba u horizontalmente) o un escudo en la parte superior, con dos trazos cortos y ligeramente curvados a cada extremo que significan «fuego», el fuego que mantiene los opuestos en equilibrio. También contiene un trazo hacia arriba y otro cruzado debajo de éste que significan «una mujer a salvo bajo el tejado de la paz».

Escudo y fuego. El principio *paz* en el pensamiento chino clásico es aquello que mantiene el equilibrio entre fuerzas opuestas. Cuando existe equilibrio entre los seres humanos, la naturaleza y el cielo están equilibrados y prevalece la paz. Se puede, por tanto, tomar esta palabra en ambos sentidos, *paz* y *guerra*. Los chinos creían, al menos desde el punto de vista lingüístico, que la paz surgía únicamente cuando los seres humanos se mantenían en equilibrio y, a ser posible, separados, y que la guerra aparecía fortuitamente si no prevalecían esas condiciones; en ese momento, caía el hacha y terminaba la paz. La guerra es un acto fortuito de destrucción, mientras que la paz es un proceso mucho más complejo que debe mantenerse mediante la acción y la inteligencia.

Dada la permanente posibilidad de obtener «dobles» sentidos, bien sea como opuestos complementarios o como derivaciones intrínsecas, el traductor o intérprete tiene una cierta flexibilidad a la hora de elegir qué significado enfatizar, y esto es lo que llevó al autor a darse cuenta de que *El arte de la guerra* podía ser también, y de hecho *debía* ser, *El arte de la paz,* ya que los conceptos de «guerra» y «paz» pueden coexistir en la escritura china en un único pictograma. Sin embargo, las interpretaciones contenidas en este libro no se derivan únicamente del aspecto pictográmico del idioma chino, sino también del Tao y de las artes marciales chinas y tibetanas.

El guerrero que fluye

El concepto de «guerrero» no está relacionado únicamente con los campos de batalla de la vida, aunque así es como gran parte de la sociedad moderna tiende a considerarlo. Para el antiguo guerrero de las culturas tibetana y china, un estado de caos habría supuesto tanto un estado de confusión como una oportunidad de cambio. Habría entendido que la expresión de la guerra era también una expresión de paz, como si fuesen dos estados que fluyen constantemente, yendo y viniendo en el corazón y en la mente. El esfuerzo del guerrero debería dirigirse hacia la consecución de este equilibrio, aceptando ambos elementos de la vida como sincrónicos y en constante fluir. Esto también puede aplicarse al samurái japonés, al que la cultura occidental actual describe como fundamentalmente agresivo y cuyo aspecto pacífico y honorable ha sido, en su mayor parte, eclipsado por nuestra interpretación belicista.

En las culturas occidentales modernas, la guerra es lo contrario de la paz. En sí, el caos no se considera una oportunidad, si bien en el contexto adecuado sí entenderíamos que aquella podría surgir de un estado caótico. En el pictograma chino, las dos derivaciones se dan totalmente por supuestas y no necesitan ninguna explicación, ya que cada una fluye desde y hacia la otra en un constante movimiento vital. Así, podemos considerar la vida, expresada de esta forma, como un verbo en el que el movimiento lo es todo, y no como un sustantivo. Comprender este concepto produce un cambio en la mente del lector. En realidad, se podría decir que cambia toda su cultura.

Podemos usar los métodos intrínsecos del tai chi chuan, que normalmente se considera un arte marcial, como ejemplo que nos ayude a apreciar el potencial físico de la coexistencia entre agresión y paz. Es interesante observar que, en nuestro entorno, el tai chi suele considerarse un arte marcial, similar al kung fu, el aikido y el jiujitsu. La palabra «marcial» sugiere conflicto.

En su formato original, el tai chi pretendía, por encima de todo, no ser conflictivo per se, sino más bien un método para manejar los conflictos con el mínimo de violencia.

La «forma» del tai chi, es decir, sus movimientos, surgió originalmente de la imitación de los que hace un recién nacido como atrapando el aire con manos y piernas nada más nacer. No son movimientos que podrían aplicarse a la guerra. Inicialmente recibía el nombre de «chu-lin» y su intención era la de llevar al adepto a un estado de meditación y concentración; estaba basado en los movimientos de los animales. El cuerpo está enraizado en la tierra y, mediante práctica constante, el *chi* (energía) se hace cada vez más fuerte hasta convertirse en un foco energético que brota del vientre y termina llenando todo el cuerpo. De esta forma, el guerrero está conectado con la tierra mientras sus aspectos internos, físicos, psicológicos y espirituales se funden, es decir, es consciente de su propio ser. El tai chi y el chu-lin no son formas de ataque, ni siquiera auténticas formas de autodefensa, aunque en determinadas circunstancias pueden emplearse en ambos sentidos.

La intención original del chu-lin era proporcionar al guerrero confianza en sí mismo, fuerza interior, salud física, percepción espiritual y, como consecuencia de todo ello, compasión. Todos sus movimientos desarrollan estas características, tanto interior como exteriormente. Un desequilibrio en favor de la agresión, es decir, demasiado énfasis en los movimientos de «empuje», conseguirá debilitar el *chi;* esto también sucede con un excesivo énfasis en los movimientos de «reposo». El proceso del chu-lin mantiene el equilibrio al fluir entre ambos extremos en todo momento.

Ésta es la esencia del guerrero pacífico, inmensamente poderoso, centrado, físicamente sano y, por ende, psicológica y espiritualmente sano también. En esencia, el guerrero pacífico fluye constantemente entre la fuerza y la debilidad, entre el potencial y la retirada. El guerrero agresivo, por el contrario, constantemente extrayendo de sí mismo una energía que lo debilita, drenando el *chi* esencial de su cuerpo. Esto se da en todos los niveles, con la energía física y en el plano psicológico (aquellos actos de la mente engendrados por el condicionamiento que estimulan el pensamiento agresivo). El bienestar espiritual y moral interior tiene pocas oportunidades para crecer, ya que el flujo entre las polaridades de la existencia es mínimo. Los métodos que se emplean para educar al soldado moderno, por ejemplo, producen un escaso poder real, ya que se presta poca atención al equilibrio entre la fuerza y la debilidad que necesitan el cuerpo y la mente.

En el nivel más sutil, el guerrero pacífico aprende que la verdad surge del conocimiento interior, ya que el corazón sabe pero no habla, mientras que la mente habla pero no sabe.

El equilibrio entre paz y guerra

La comprensión intrínseca de un idioma esencialmente enigmático como el chino no se obtiene simplemente del propio idioma, sino de la base misma de la cultura que lo originó, la cultura responsable del pictograma y del concepto de flujo del *chi*. La mayor parte de las civilizaciones antiguas, entre ellas la china, poseían métodos intrínsecos de demostración de la existencia de un guerrero a la vez agresivo y pacífico, características consideradas dos aspectos de una sociedad en equilibrio, no dos opuestos. Una de las estrategias más comunes para mostrar esta simetría era la mitología. En los mitos navajos de la creación, por ejemplo, la «Mujer cambiante» daba a luz a un niño mientras se bañaba en un arroyo con el Sol brillando sobre ella. A su regreso daba a luz a un segundo niño bajo el resplandor de la Luna. Al niño que había nacido del Sol se le denominaba «El que mata enemigos»; era el guerrero agresivo, dirigido hacia fuera. El niño nacido de la Luna era conocido como «El niño del agua» y

era el médico, el chamán, dirigido hacia dentro y mágico. N
eran considerados opuestos, sino mellizos complementarios nacidos de la misma fuente.

En todas las civilizaciones antiguas, como Babilonia o China, e incluso en la Biblia, en la historia de Moisés y Aarón, el rey
está casi invariablemente ligado al sabio o al mago (el que busca las soluciones a través del conocimiento interior de sí mismo),
lo que podríamos llamar el «Merlín». En la Europa medieval, el
sabio suele estar presente junto al mítico «Arturo». Sólo en
nuestras culturas «tecnológicas» e industriales más recientes el
«rey» aparece como luchador y protector, es el que mantiene la
disciplina moral, sin el auxilio del sabio, que ha sido apartado
por la adhesión social a la racionalidad de la tecnología. En Estados Unidos, por ejemplo, el presidente está asociado a otro
que *busca* la guerra, el general o el almirante. No hay lugar para
el pacificador. Joseph Campbell llama a esta asociación entre el
exterior y el interior el «héroe doble» de la mitología, guerra y
paz representadas constantemente como las dos caras de una
misma moneda. Una vez más, el flujo entre los dos aspectos de
la vida es necesario para sostener una sociedad en equilibrio.

En la antigua China se mantenía este equilibrio en el conjunto de la cultura: en la mitología, en la corte, e incluso en el
propio idioma. Dado que Sun-Tzu era un taoísta, su papel era
el de aconsejar al emperador en asuntos de coexistencia pacífica.
Todo el propósito del Tao radica en expresar el flujo de la naturaleza y la enigmática esencia del Camino.

Encontrar el propio equilibrio

Todo esto está en los pictogramas de *El arte de la guerra,* de
Sun-Tzu, fluyendo como el tai chi entre lo positivo y lo negativo, el poder y la debilidad, la alegría y la tristeza, y sostenido por
la presencia del poder del emperador y el conocimiento inte-

rior, la intuición, el instinto, etc., del mago (Sun-Tzu, en este caso).

Para ilustrar los contrastes presentes en Sun-Tzu, podemos ver cómo las siguientes traducciones o interpretaciones surgen del mismo grupo de pictogramas.

El significado agresivo:

La guerra es el arte del engaño (derribo): aparenta estar fuerte cuando te sientas débil, aparenta estar lejos cuando estés cerca, aparenta ser inepto cuando estés capacitado.

El significado pacífico:

La paz es el arte del comienzo (alzamiento): admite la fuerza y la debilidad, acepta tanto el equilibrio como la vulnerabilidad, afronta la muerte y sufre el dolor.

De la interpretación agresiva, la mentalidad occidental extrae la consideración, aparentemente intrínseca, de que para tener éxito debemos estar decididos a ganar. Esto es lo que tiene prioridad; de hecho, es la auténtica base de todo nuestro modo de vida. Por tanto, si vemos la vida como un reto agresivo, debemos ante todo mentir sobre nuestra condición (ya que la vida no puede ser controlada de otra manera), engañar al oponente con un despliegue de información falsa para llevarle así a una posición en la que podamos derrotarle. Esto surge, a su vez, de una falta de conocimiento y aceptación de uno mismo, lo que conforma, posiblemente, la principal fragilidad de la moderna humanidad occidentalizada, la debilidad de no conocer o aceptar nuestras propias flaquezas y, por ello, de no poder encontrar jamás al mago que subyace en nuestro interior.

En la segunda interpretación podemos encontrar esencialmente las mismas condiciones, pero basadas en algo positivo y «creativo»: la honestidad y el conocimiento de uno mismo. También se desprende la consideración de que la vida no es a priori una batalla. Permito que ambos aspectos de mi naturaleza, fuerza y debilidad, estén disponibles; no niego ninguno de ellos, sino que fluyo entre ambos. Acepto que soy tanto fuerte como débil, tanto seguro (equilibrado) como sensible. Estoy deseoso de ir a la par de la existencia tanto para afrontar la muerte como para sufrir por la vida. Las dos interpretaciones producen unas conclusiones intrínsecamente opuestas, pero cuya consustancial disparidad proviene del propio texto original, del propio conjunto de pictogramas, y ambas proceden de la misma mente y la misma cultura. La elección es cosa nuestra.

Por supuesto, no es simplemente la diferencia del idioma lo que aporta un conocimiento más amplio y complejo. *El arte de la paz* presenta una nueva forma de encarar los conflictos y un punto de partida en el viaje del descubrimiento de uno mismo que debe conducir, en último término, a una sociedad más pacífica. El conocimiento obtenido a través del descubrimiento interior nos hace darnos cuenta de que lo que previamente parecía estar en conflicto es, en realidad, complementario, una misma cosa.

Sólo el conocimiento de uno mismo y la consciencia hacen que esta univocidad se mantenga. Sin consciencia, los opuestos continúan tirando uno del otro y el potencial de conflicto ahoga el potencial de coexistencia pacífica, momento en que surge el sufrimiento. Atendiendo a un eslogan habitual, «¡no puedes hacer la paz mientras te preparas para la guerra!»

Lo que conseguimos con esta creencia constante y común de que existimos únicamente como parte de una lucha por ganar es, esencialmente, perder. Perdemos el delicado equilibrio de la naturaleza, nuestra propia salud y la impagable e irreemplazable riqueza del conocimiento.

Desde nuestra perspectiva del siglo XXI, pretendemos *hacer* la paz —como si eso fuese posible— mediante procesos externos de manipulación, astucia y poder, y no mediante el poder de afirmación y aceptación que surge de la contemplación y el silencio interior. En este sentido, la paz no es más que un control frágil propenso a venirse abajo en cualquier momento. Fijémonos en el desequilibrio político de cualquier lugar en el que haya conflictos. En un momento u otro del siglo XX, más de la mitad del mundo estaba en guerra o al borde de ella.

En este siglo, la paz todavía *se hace* mediante el control obtenido como consecuencia de una victoria de guerra, una amenaza de ella o gracias a una estrategia para impedirla, lo que, inevitablemente, dará como resultado otra guerra, porque no se puede mantener un control de naturaleza desequilibrada.

Gran parte de la religión occidental moderna, junto con nuestra creencia de que podemos controlar la vida, tiene un papel muy importante en esta determinación de crear conflictos entre nosotros mismos.

En cierta ocasión, el gran filósofo zen Daisetz Suzuki pronunció una conferencia en la localidad suiza de Ascona. Era la primera que daba en este país. La audiencia, compuesta por europeos, estaba sentada frente a aquel diminuto japonés que, por entonces, contaba noventa y un años. Mirando fijamente al auditorio, Daisetz Suzuki dijo:

—La Naturaleza contra Dios. Dios contra la Naturaleza. La Naturaleza contra el Hombre. El Hombre contra la Naturaleza. El Hombre contra Dios. Dios contra el Hombre. Una religión muy curiosa.

La doctrina tradicional de la Caída es la que nos inculca esta idea de que el mundo no puede ser aceptado y afirmado tal como es. Consideramos, más bien, que debe ser corregido.

Y en esto no hay paz.

No puede haber equilibrio en nuestros corazones cuando hasta la naturaleza resulta atacada, cuando no existe el reconocimiento de la coincidencia de sus fuerzas positivas y negativas.

El arte de la paz está pensado para sacar a la luz esta incomprensión fundamental de los equilibrios de la vida y la naturaleza y para poner a disposición del lector del siglo XXI un método para conseguir la paz antiguo y comprobado a través de los tiempos.

El libro contiene la traducción e interpretación de la gran mayoría de los *sutras* originales. Los que han sido excluidos son los escasísimos que constituyen un comentario detallado de otros sutras anteriores.

Los sutras

CONFLICTO Y PAZ

[1]

■

El conflicto y la coexistencia pacífica son aspectos esenciales de la vida, la base de la supervivencia, y aportan tanto destrucción como creatividad. Debemos, por tanto, examinarlos a fondo.

Como ya se dijo en la introducción, los movimientos del tai chi surgieron a modo de imitación de los que hace un bebé como atrapando el aire con manos y piernas nada más nacer. No son movimientos que puedan aplicarse a la guerra. La forma genérica primitiva recibía el nombre de «chu-lin» y constaba de treinta y seis aplicaciones diferentes, basadas en los movimientos de los animales, con las que se pretendía conducir al adepto a un estado de meditación y concentración. El cuerpo está enraizado en la tierra y, mediante práctica constante, el *chi* (energía) se hace cada vez más fuerte, brotando del vientre *(hara)* como un ancho foco energético que termina llenando todo el cuerpo. De esta forma, el guerrero está conectado con la tierra mientras sus aspectos internos, físicos, psicológicos y espirituales se funden, proporcionándole conocimiento de sí mismo. El chu-lin no es un método de ataque ni de auténtica autodefensa, aunque en determinadas circunstancias algunos aspectos de las diferentes aplicaciones puedan emplearse en ambos sentidos.

La intención original del chu-lin era la de proporcionar al guerrero confianza en sí mismo, fuerza interior, salud física, percepción espiritual y, como consecuencia de todo ello, compasión. Todos sus movimientos desarrollan estas características, tanto interior como exteriormente. Un desequilibrio en favor de la agresión, es decir, demasiado énfasis en los movimientos de «empuje», conseguirá debilitar el *chi;* esto también sucede con un excesivo énfasis en los movimientos de «reposo». El proceso del chu-lin mantiene el equilibrio al fluir entre ambos extremos en todo momento.

Ésta es la esencia del guerrero pacífico, inmensamente poderoso, centrado, físicamente sano y, por ende, psicológica y espiritualmente sano también. En esencia, el guerrero pacífico fluye constantemente entre la fuerza y la debilidad, entre el potencial y la retirada. El guerrero agresivo, por el contrario, está constantemente extrayendo de sí mismo una energía que lo debilita, drenando el *chi* esencial de su cuerpo. Esto se da en todos los niveles, con la energía física y en el plano psicológico (aquellos actos de la mente engendrados por el condicionamiento que estimulan el pensamiento agresivo). El bienestar espiritual y moral interior tiene pocas oportunidades para crecer, ya que el flujo entre las polaridades de la existencia es mínimo. Los métodos que se emplean para educar al soldado moderno, por ejemplo, producen un escaso poder real, ya que se presta poca atención al equilibrio entre la fuerza y la debilidad que necesitan el cuerpo y la mente.

En el nivel más sutil, el guerrero pacífico aprende que la verdad surge del conocimiento interior, ya que el corazón sabe pero no habla, mientras que la mente habla pero no sabe.

Cada uno de nosotros tiene conflicto y creatividad como fuerzas naturales interiores. Necesitamos ambos para sobrevivir y para disfrutar de la vida. Pero si vivimos totalmente como supervivientes, mostrándonos belicosos y agresivos, nuestra vida estará desequilibrada, y este desequilibrio causará sufrimiento a nosotros mismos y al mundo en que vivimos. Vivir bien la vida no es ser creativo o destructivo, sino mantenerse fluyendo entre ambos aspectos. La vida gozosa se encuentra en ese flujo más que en cada uno de los extremos. Debemos aceptar nuestro flujo natural entre todos los elementos de la vida, de la fuerza a la debilidad, del amor al odio, de la duda a la certeza, del *conflicto* a la *coexistencia pacífica...*, igual que sucedía con la energía *chi* del adepto del chu-lin. El conocimiento, fuente de relajación y, con ella, de paz, se encuentra en el flujo mismo. En ambos extremos, el conocimiento y, por tanto, la paz están difusos, mientras que cuando fluimos por el centro, sin estancarnos en ninguno de los dos, sus beneficios se nos hacen plenamente accesibles. Echemos un vistazo a nuestras relaciones más íntimas. ¿Amamos siempre a la persona que está más cerca de nosotros? El problema surge, únicamente, cuando no queremos enfadarnos ni sentirnos celosos, sino estar siempre amando, cuando negamos lo negativo. La realidad es que estamos constantemente fluyendo de un sentimiento a otro, del amor al enfado, del amor a la duda. Ésta es nuestra naturaleza; debemos aceptarla, pues cuando lo hacemos, la relajación que sentimos nos proporciona fuerza y presencia de ánimo, porque al observar el flujo, éste se hace familiar y empezamos a entender nuestra naturaleza *como es* más que como quisiéramos que fuese.

La *coexistencia pacífica* no significa agarrarse a un estado constante de creatividad y paz. Uno no puede «agarrarse» a la paz. Ésta se da cuando aceptamos el flujo del cambio. Si en nuestra vida hemos sufrido, fundamentalmente, presión y dificultades, añoraremos la creatividad y el silencio. Esta añoranza no nos ayudará a ser creativos o a disfrutar del silencio, sino que nos aportará más presión. Lo que necesitamos es conocimiento interior, el conocimiento de lo que está sucediendo realmente, y, posteriormente, aceptarlo sea lo que sea. Esto nos proporcionará una energía y un poder inmensos.

Sin embargo, fluir por el centro no supone una represión de los extremos. Al indicar el camino, no estamos prohibiendo los muchos campos que se encuentran a ambos lados. Simplemente, los campos de la felicidad y el sufrimiento parecen distintos cuando estamos tranquilos y relajados en el centro del conocimiento consciente. Las flores son tan visibles como las espinas cuando no estamos enredados en ellas.

[2]

*Estudia el arte de la paz atendiendo a cinco principios esenciales: el
Tao (amor), el cielo en la tierra (conocimiento), la vigilancia, el silencio y el poder. Desarrolla métodos que usen estos cinco principios y que
respondan a todas las situaciones.*

Estos cinco principios esenciales son la base de todo lo que
existe. El resto del trabajo se basa en ellos. Si no los entendemos,
no encontraremos la paz interior y no podremos proyectar una
existencia equilibrada al resto del mundo.

*Desarrolla métodos que usen estos cinco principios y que respondan
a todas las situaciones.*

El Tao (amor)

En este contexto, el Tao o Camino puede interpretarse como
amor. Esta presencia es como un lago creado por la vida para nuestro beneficio en el que todos nos bañamos. Constantemente nos estamos bañando en este lago, pero puede que no siempre seamos
conscientes de los beneficios que nos proporciona. El Camino es
la relajación que termina con todos los conflictos. La relajación
surge de la aceptación de uno mismo: cuando asumimos que estamos tristes, que estamos contentos, que odiamos, cuando aceptamos que no podemos aceptar. Si conozco y amo lo que soy, puedo conocer y amar lo que otra persona es. En términos taoístas, el
Camino es aquello que no puede ser descrito. La mejor manera de
explicarlo es mediante un viejo cuento taoísta.

Un monje se acercó a un maestro que vivía como ermitaño en una montaña y le preguntó:

—¿Qué es el Camino?

El maestro respondió:

—¡Qué magnífica montaña!

El monje preguntaba por el Camino y el maestro le contestaba sobre lo magnífica que era la montaña. Una extraña respuesta.

Si el maestro hubiera dicho al monje algo relevante, no le habría ayudado. El problema era el monje mismo, y si el maestro hubiera hablado sobre algo importante, se habría adaptado al monje.

Esta distancia entre la pregunta y la respuesta sólo puede salvarse si el discípulo tiene confianza. Lo importante es cómo salvar la distancia entre el que busca y el maestro, entre la pregunta y la respuesta.

El requisito fundamental para lograrlo no es el conocimiento, la lógica o el argumento, sino la confianza. Una confianza profunda, una confianza que pueda ver a través de la irrelevancia y atrapar un atisbo de lo relevante, salva la respuesta irrelevante.

—¡Qué magnifica montaña! —contestó el maestro.

—No os estoy preguntando por la montaña —dijo el monje—, sino por el Camino.

El maestro respondió:

—Hijo, mientras no puedas ir más allá de la montaña, no podrás alcanzar el Camino.

El cielo en la tierra
(consciencia o conocimiento)

Tenemos que plantearnos cómo podemos hacernos más conscientes, cómo podemos darnos más cuenta del cielo en la tierra.

El conocimiento no es algo que pueda conseguirse, sino una presencia que está disponible. El conocimiento surge solamente de la consciencia de esa presencia. La consciencia de esta presencia surge únicamente cuando estamos en equilibrio. El equilibrio surge tan sólo cuando aceptamos lo que somos en el fluir o *chi* de nuestras vidas.

El eje fundamental de la medicina china, basada en el equilibrio del *chi,* es el flujo de este *chi* o energía, pero sin urgencias. El flujo del *chi* surge de un equilibrio interior que constantemente nos está curando al tiempo que nos hace conscientes.

Lao-tzu, que ejemplificó el Tao original, enfatizaba que el principio que subyace en el silencio interior y, por tanto, en la disponibilidad de un conocimiento consciente es que la fuerza se derrota a sí misma. Cada acción produce una reacción, cada reto una respuesta. Cada aspecto de la existencia tiene tendencia a continuar como está. Cuando interferimos en este estado natural, encontramos resistencia, como una piedra que se resiste a ser aplastada. Cuando se trata de un ser vivo, éste se resiste activamente. Una avispa a la que se aplasta, por ejemplo, picará. En los seres humanos, esta tendencia está especialmente desarrollada y es única, y el resultado último de más y más acción es más y más resistencia (como en las guerras modernas). Como consecuencia de ello, obtenemos lo contrario de lo que pretendíamos.

El conocimiento consciente no es algo intencionado, sino algo disponible.

Vigilancia

La mente sigue lo que el corazón afirma. La voz del corazón es la que conoce la verdad de lo que realmente necesitamos. La mente es la criada del corazón y sigue sus instrucciones cuando éstas están claras. Cuanto más conocimiento de nosotros mismos tengamos, cuanto más escuchemos dentro de nuestro ser, mejor aprenderemos lo que realmente necesitamos, aprenderemos con mayor lucidez.

El deseo más profundo del corazón es la preservación, que proviene de un entendimiento genuino de la vida. A continuación, la mente pone en marcha planes para conseguirla. Esto es la vigilancia, otro aspecto del conocimiento consciente que, como todo lo relacionado con el conocimiento, requiere práctica y familiaridad.

Silencio

El silencio recompensa, provee, baña. La Tierra está en silencio y, en el contexto de la idea original de Sun-Tzu, es nuestra guía. Debemos fundirnos con el mundo y mantenernos en silencio.

El silencio es un regalo que nos hacemos a nosotros mismos. Es como una recompensa por nuestras buenas acciones. El ruido agota nuestras energías. El silencio nos las devuelve, y por eso debemos procurarlo. Busquemos formas de estar en silencio, hay muchas. Vayamos a un lugar silencioso como una montaña, un parque o una iglesia donde haya pocas personas. Sentémonos solos en un lugar vacío y escuchemos el silencio de nuestro interior.

Poder

El poder no es físico ni mental. Es la ausencia de culpa. Surge de la presencia de los otros cuatro principios fundamentales, es decir, el amor, el conocimiento, la vigilancia y el silencio. Cuando los encontramos, el poder nos llega de forma natural, emanando de nuestro ser más interno.

El poder real no es la capacidad de manipularnos a nosotros mismos o a los demás, sino el poder personal de ser responsables de nuestras propias vidas. Cuando somos realmente responsables y no pretendemos culpar a los demás de lo que nos sucede, entonces somos poderosos. Si echamos la culpa a otros de nuestra condición, somos débiles, porque hemos renunciado a la posibilidad de dirigir nuestra vida. Cuando aceptamos la responsabilidad de todo lo que hacemos, podemos cambiarlo. Es entonces cuando surge el poder personal. En este sentido, tenemos las mismas responsabilidades que Dios y, con ellas, el mismo poder.

He aquí un viejo cuento indio que ejemplifica cómo podemos estar constantemente culpando a los demás sin conseguir nada. Un hombre va conduciendo por una carretera solitaria. Sospecha que no ha tomado el desvío que pretendía tomar y que va en dirección equivocada. Encuentra a un mendigo, para el coche y le pregunta:

—¿Es ésta la carretera que va a Delhi?

El mendigo responde:

—No lo sé.

El hombre vuelve a preguntar:

—¿Conduce esta carretera a Agra?

El mendigo responde:

—No lo sé.

El hombre se irrita y dice al mendigo con enfado:

—Ya veo que no sabe usted mucho.

El mendigo se ríe y contesta:

—Pero yo no estoy perdido.

EL CAMINO

[3]

■

El Camino significa vivir con toda la humanidad en un entendimiento fundamental, de manera que nadie tema a la vida ni a la muerte, con lo que el peligro se vuelve insignificante.
Conoce el Camino. Aquellos que lo conozcan serán felices. Los que no lo conozcan no serán felices.

El miedo es el mayor problema de la vida humana. Si desconocemos y no aceptamos nuestro propio aspecto interior, estamos condenados a sentir miedo, porque no tenemos base sobre la que sustentarnos. Es como intentar plantar un árbol en el agua. El árbol no está acostumbrado a tener tanta agua alrededor. ¿Cómo va a crecer si no puede siquiera mantenerse en pie? ¿De dónde obtendrá alimento si no hay tierra en la que pueda echar raíces? Sin conocimiento de nosotros mismos somos como el árbol que flota en el agua, girando al capricho del río.

Ésta es la base de todos los prejuicios. La falta de conocimiento de uno mismo lleva, inevitablemente, a no conocer a los demás. El prejuicio es un odio nacido del miedo, que, a su vez, nace de la ignorancia del ser. Si conozco y amo mi propia debilidad, ¿cómo no voy a ser compasivo con las debilidades de los demás?

He aquí otro maravilloso cuento, procedente de la Europa medieval, que ejemplifica las recompensas de amar las propias debilidades y, como resultado de ello, perder los prejuicios.

Se dice que un príncipe francés visitó una cárcel. Para honrar al real huésped, el alcaide de la prisión ofreció dejar en libertad al preso que el príncipe designara. Para elegirlo, el príncipe entrevistó a cada uno de los presos en privado y les preguntó:

—¿Por qué estás aquí?

—¡Soy inocente, señor! —exclamó uno de ellos.

—¡He sido víctima de una injusticia! —alegó otro.

Las razones que dieron los convictos como causa de su encarcelamiento fueron perjurio, prejuicios, injusticia y opresión.

Sólo un hombre contó una historia diferente.

—Alteza —respondió—, merezco estar aquí y no puedo quejarme. Hace tiempo yo era un malvado asesino. Que yo esté aquí es una gran suerte, tanto para la sociedad como para mí mismo.

—¡Malvado miserable! —replicó el príncipe—. Qué pena que tengas que estar encerrado entre tantos ciudadanos honrados. Tú mismo admites que eres lo suficientemente perverso como para corromperlos a todos. No puedo permitir que permanezcas en compañía de ellos ni un solo día más. ¡Guardias, éste es el hombre al que deseo que se deje en libertad!

[4]

∎

Así, emplea los cinco principios básicos para descubrir las mejores condiciones. De manera más precisa: ¿cuál es el mejor método para comprender el Camino? ¿Qué condiciones internas y externas se mantendrán firmes? ¿Cuáles son los métodos de aprendizaje más efectivos? ¿Qué entorno proporcionará las mejores condiciones? ¿Cuáles son los caminos hacia la propia satisfacción? Así es como uno puede conocer los caminos que proporcionarán resultados.

Considera todas las cosas con generosidad e interés, conocimiento consciente, fuerza y visión clara, silencio y poder personal, los cinco principios básicos. Mantente firme en ellos y el exterior se te revelará con claridad.

Descubre, en primer lugar, tus auténticas necesidades en cada circunstancia que afrontes. Puede que estés buscando un trabajo nuevo: piensa en qué te apetece hacer realmente, en lugar de aceptar de forma acrítica que ése es el único trabajo que podrías conseguir. Amplía tus miras para que se ajusten a tus necesidades personales: financieras, de tu entorno y creativas. Acércate a tu ideal tanto como puedas.

Esto es lo que Joseph Campbell llamaba «buscar tu dicha total».

Trabaja para conseguir algo duradero y fructífero y no temas cambiar tus circunstancias.

Considera las posibilidades exteriores según tus necesidades interiores: ¿deseo auténtica riqueza (es decir, no sólo económica)? ¿Deseo amar y ser amado? ¿Deseo vivir en un hogar que enriquezca mi vida? ¿Deseo estar sano y sin estrés, o prefiero trabajar bajo estrés y presión?

Si estas preguntas surgen de un corazón transparente, podrán ser contestadas con rapidez y surgirán las circunstancias que permitan la propia satisfacción.

[5]

■

Valora las ventajas de recibir consejo, y estructura tu trabajo interior y tu trabajo exterior de acuerdo con él para obtener métodos «extraordinarios». Los métodos deberán estructurarse con sabiduría, imaginación y orden, tomando como base lo que coincida más exactamente con el Camino.

La primera pregunta que debemos hacernos es: ¿necesito consejo o ayuda exterior? Puede que mis propios recursos no sean los adecuados. ¿Servirá la ayuda de otra persona o algún apoyo externo, del tipo que sea, para facilitar mi propia comprensión y ayudarme a conseguir un resultado extraordinario? No te consideres una isla. Eres parte del mundo que te rodea. Una vez más, examina con el corazón transparente la necesidad que tienes de recibir consejo

Los métodos deberán estructurarse con sabiduría, imaginación y orden, tomando como base lo que coincida más exactamente con el Camino.

Recuerda los cinco principios básicos. Antes de acometer algo importante, detente. Considéralo en silencio; escucha a tu corazón y desoye la confusión que genera la mente. La capacidad de permanecer tranquilo cuando se está rodeado de confusión no es sino un hábito nuevo que puede adquirirse con la práctica.

Escucha, en primer lugar, a tu ser interior y después toma la decisión partiendo de esa sabiduría, imaginación (atrevimiento) y orden. La sabiduría interior se adquiere fluyendo por el centro del Camino; la imaginación está ahí para permitirte una amplia gama de oportunidades, y el orden es necesario para mantener una vida sencilla y saludable y para conservar la energía.

[6]

■

La paz es el arte de comenzar (levantarse): admite la fuerza y la debilidad, acepta tanto la seguridad como la vulnerabilidad, afronta la muerte y sufre el dolor.

Comenzar es lo contrario de sentirse decepcionado. La acepción original de la palabra «decepción» es la de «descender», mientras que comenzar es levantarse.

A menudo tememos que si somos honestos y nos abrimos a los demás, nos haremos vulnerables y podremos ser atacados. Tenemos miedo a ser honestos con nosotros mismos por la posibilidad de que, en ese estado de debilidad, se aprovechen de nosotros y nos hieran, o de que los demás no aprueben lo que somos. La causa de esto es que ni siquiera nosotros mismos sabemos quiénes somos.

Cuando, gracias al conocimiento de nosotros mismos, nos podemos relajar, la verdad interior se hace natural y simple y no necesita ser defendida. Si puedo decir «soy lo que soy» y lo acepto como base para la vida, la vulnerabilidad y la fuerza se transforman en un gozo, como las dos caras de una misma moneda. No hay nada que tengamos que probarnos a nosotros mismos o a los demás.

Santa Teresa de Jesús afirmaba: «El cielo está en todo el camino hacia el cielo: yo soy el camino, la verdad y la luz». Esto no es una afirmación religiosa, sino terapéutica: la verdad cura a lo largo de todo el camino hacia el cielo (la luz).

Recuerda que la energía del *chi* brota *entre* la fuerza y la debilidad y nunca permanece anclada en una ni en otra, igual que un río fluye entre sus orillas, sobre piedras y alrededor de los árboles, en una corriente constante. Esto refleja la vida, porque *somos* débiles y vulnerables y *realmente* sufrimos y, en su momento, morimos. La verdad reside en los hechos. Esconderla mediante el deseo constante de ser fuertes e invulnerables simplemente enfatiza lo contrario. Aprende quién eres y disfruta de ello siempre. Todo lo demás vendrá por sí mismo.

[7]

■

Cuando pongas en práctica tu sabiduría, nunca seas categórico; procura tener una actitud alegre y flexible. Cuando encares un problema cercano, hazlo desde una perspectiva lejana. Cuando encares un problema lejano, hazlo desde una perspectiva cercana. La confusión inicial es constructiva y entretenida. Sé atrevido e impredecible.

Este sutra nos invita a encarar los problemas de la vida con buen humor y flexibilidad. Normalmente afrontamos las situaciones difíciles con los métodos de siempre. Si tenemos un problema, la reacción normal es preocuparnos y considerar la posibilidad de ponernos más serios en el futuro para solucionarlo. Este método sólo aumenta el estrés y la ansiedad y hace que nos esforcemos más intensamente, con lo que empeoramos el problema. Hay otra vía.

Cuando encares un problema cercano, hazlo desde una perspectiva lejana.

Cuanto más cercano sea el problema, más te identificarás con él y más ciego estarás para percibir soluciones más amplias. Da un paso atrás. Contempla en silencio sin buscar respuestas. Aplica los cinco principios básicos: preocupación por ti mismo, conocimiento consciente, fuerza y claridad de visión, silencio y poder personal. Céntrate en ti mismo, respira suavemente y permite que lo concreto se evapore. Tu identificación con el problema se diluirá en un punto de vista más amplio y será fácil descubrir los resultados.

La confusión inicial es constructiva y entretenida. Sé atrevido e impredecible.

Una vez que has conseguido alejarte del problema y te sientes más tranquilo, permítete a ti mismo ser un poco impredecible: asume riesgos. Puede que la situación requiera un poco de imaginación. Quizá pueda aliviarse mediante una aproximación diferente. Al alejarnos del problema, se nos abren perspectivas alternativas como por arte de magia. Cuando estamos muy cerca de un árbol no podemos ver el camino a través del bosque.

A la inversa: *Cuando encares un problema lejano, hazlo desde una perspectiva cercana.*

Cuando un problema surge lejos de ti, necesitas acercarte a él para encontrar una solución. Una vez más, aplica los cinco principios básicos. No te dejes llevar por el pánico que surge de la falta de información. La solución puede volverse completamente evidente cuando conozcas los detalles. Intima con las condiciones a las que te enfrentas. El conocimiento y la comprensión ahuyentan el miedo. Es imposible aprender a trepar a un árbol cuando se está lejos del bosque. Y también en este caso, cuando hayas averiguado los detalles de la situación, sé atrevido. Usa tu imaginación para encontrar soluciones interesantes y flexibles.

Cuando creas una fórmula nueva frente a una situación habitual, consigues un método que podrás usar una y otra vez en el futuro.

[8]

■

No estructures tus proyectos personales con exactitud, aunque deberás ser consciente de su estructura. Haz que tus esfuerzos sean adaptables y no se empleen en permanecer a la defensiva. No comentes tus planes con los demás porque, si actúas con reserva y silenciosamente, tu ser estará en las mejores condiciones. Los demás sólo pueden tener opiniones, y las opiniones también son privadas.

Cuando decidas reajustar algún aspecto de tu comportamiento habitual, ya sea la dieta, la salud física o un antiguo hábito, no seas rígido en la manera de hacerlo. Ser estricto no da buenos resultados, porque tu cuerpo no es de piedra. Si lo fuera, no necesitarías las tiernas cuencas de los ojos y los oídos, los sentimientos y la sensibilidad. Es mejor escuchar y mantenerse atento a todos los procesos que tienen lugar en tu interior y adaptar tus proyectos a ellos. Cuanto más consciente seas de tus cambiantes necesidades interiores, mejores resultados obtendrás en tus proyectos. Recuerda que estás formado por energía en flujo constante, siempre fluctuando.

No te pongas en guardia contra el fracaso, porque esto sólo genera tensión. Sé consciente de las influencias que recibes y del impacto que tienen en tus respuestas en cada momento. Unas veces estarás cansado: actúa en consecuencia. En otras ocasiones te sentirás lleno de energía: actúa en consecuencia. Permanece atento, sin embargo, a tu voluntad de cambio. Permanecer vigilante no es ser duro o conservador, sino flexible y libre, sin dejar de estar en contacto íntimo con la persona que realmente eres en todo momento.

Además, mantener la privacidad con respecto a tu vida interior positiva te permitirá ser flexible y tierno. Es sólo tuya y merece el mayor de los cuidados. Las demás personas tendrán sus planes particulares, que pueden querer imponerte. La vida interior de los demás es tan única y privada para ellos como la tuya lo es para ti, aunque pueden no ser conscientes de ello y desear influir en tu comportamiento.

Cuando escuchas todas las opiniones, te fragmentas. Cuando estás entero, eres sagrado.

Este sutra puede aplicarse con mucha exactitud a las influencias de la publicidad y la conciencia social. Hacer dieta es sólo un ejemplo de cómo todos estamos influidos por el exterior y, debido a ello, a menudo somos incapaces de escuchar lo que está sucediendo en nuestro interior y nuestras necesidades reales, que siempre son exclusivas de cada uno de nosotros.

La mayoría de las dietas no consiguen el resultado esperado porque el deseo del que las diseñó de conseguir un beneficio económico hace que sean generalizadas, mientras que si comprendemos a nuestro propio cuerpo y nuestros hábitos podremos dirigir la «campaña» con éxito de la forma más fácil. Existe, además, una tendencia diferente entre los distintos ambientes sociales. Comer demasiado es una neurosis. Ayunar es la neurosis opuesta, pero sigue siendo una neurosis. Lo que deberíamos hacer todos es comer cuanto necesita el cuerpo, nunca en exceso. Pero no lo hacemos así, porque estamos sujetos a demasiadas tensiones y la comida es un paliativo. Siempre que una sociedad se hace opulenta, el ayuno y las dietas se convierten en objetos de culto.

En India, la secta jainista es uno de los grupos más ricos. El ayuno es uno de sus principios más importantes, casi como un dogma. Los Estados Unidos son ricos y en ellos las dietas son una moda, incluso una obsesión. Es difícil encontrar una mujer que no esté a dieta. La gente va a clínicas naturistas para ayunar.

La religión de los pobres es siempre festiva, de festines. En-

tre los musulmanes, mayoritariamente pobres, se celebran banquetes coincidiendo con las festividades religiosas. Pasan ham-
bre todo el año, pero en cada fiesta religiosa, al menos ese día,
visten sus mejores ropas y se entregan al festín.

Los jainistas celebran banquetes todo el año, y cuando llegan
las fiestas religiosas, ayunan. Un hombre pobre festeja mediante banquete; uno rico, mediante ayuno. La gente se mueve hacia el extremo opuesto. Busca tu propio camino, aléjate de tu sociedad.

[9]

■

Empieza tu proceso de forma positiva. Espera siempre lo mejor de ti mismo y de los que te rodean. El que espera el fracaso antes de comenzar encontrará fracaso al final. Sitúa todas tus destrezas y habilidades a tu favor. El que espera olvidar antes de empezar acaba olvidando.

Observando a los demás de esta forma podrás ver quién está relajado y en actitud amorosa y quién necesita ayuda.

Mantente ilusionado y abierto en todo lo que emprendas. Esto supone un poder en sí mismo, que la existencia hará que revierta en ti. Obvia las voces críticas que suenen en tu cabeza o las opiniones de los demás y mantén en la primera línea de tu conciencia el hecho de que eres una criatura de la vida y, gracias a ello, aceptable para la vida tal como eres. Si esperas el fracaso en cualquier actividad, esto también te volverá reflejado por la existencia, porque el universo no juzga, simplemente proporciona aquello por lo que se reza. Preserva tus dones, destrezas y entendimiento positivo y nútrelos, y atiende al ser vulnerable que vive dentro de ti. Si olvidas quién eres, la existencia también olvidará y tu vigilancia no tendrá base sobre la que mantenerse.

Si llegas a dominar este cuidado hacia ti mismo y el abrazo positivo a la vida, descubrirás también la compasión hacia los demás.

CAMPAÑAS PACÍFICAS

[10]

∎

No emprendas largas campañas personales, o las siguientes fraca-
sarán por agotamiento interior. Sé consciente de que reducir las necesi-
dades del cuerpo significa privarlo de lo familiar. Por tanto, mantente
vigilante pero tierno. Haz tus campañas tiernamente cortas pero inten-
sas. Establece la paz contigo mismo mediante la vigilancia y el amor,
porque esto produce confianza. De esta forma, disfruta cada nuevo pro-
yecto, aunque resulte un fracaso. Nunca luches contra ti mismo: no hay
nadie a quien ganar. Acepta tu condición hasta que la descartes.

En tus esfuerzos por ajustar determinados aspectos de tu
comportamiento, cuando aplicas un exceso de entusiasmo o una
gran determinación, evita luchar contra ti mismo como si hubiera algo que ganar, como si fueras un general desesperado al
frente de un ejército que tiene que obtener la victoria. En una
guerra siempre se fracasa; ninguna ha supuesto jamás una victoria real. Luchar demasiado o durante demasiado tiempo por
mejorar tu salud física, por ejemplo, produce agotamiento en
ámbitos personales de los que puedes no ser consciente, ámbitos que expresarán su incomodidad de un modo que te pasará
inadvertido hasta la siguiente vez que hagas otro intento o hasta algún tiempo después. El cuerpo siempre te mostrará su sufrimiento, pero si no estás escuchando, repetirá estos mensajes
cada vez más alto hasta que los oigas. En ese momento puede
producirse una enfermedad.

Sé consciente de que si reduces las necesidades del cuerpo
mediante una dieta o ejercicio o un cambio psicológico, también
le estás privando de sus hábitos familiares. Privarse de lo fami-

liar es duro para el cuerpo, pero si se le permite hacerlo a su paso, será capaz de acoplarse de buen grado. Trátalo con cariño y atiende las señales que te envíe: dolores, achaques, cambios en la respiración, cambios en el ritmo cardíaco, falta de pasión. Son muchos los distintos tipos de mensaje.

Por tanto, trabaja en ti mismo con energía pero brevemente. Trabaja y observa, trabaja y observa. Sé tu mejor amigo, porque esto te dará confianza.

De esta forma, ganar o perder se hace irrelevante, porque estás disfrutando al trabajar junto a alguien a quien amas: tú mismo.

Acepta tu condición hasta que la descartes. Y una vez que se ha realizado el cambio, cuando ya has encontrado un camino mejor, entonces puedes descartar lo viejo sin dolor. El mejor amigo se transforma en un viejo amigo y el hábito puede morir dulcemente.

[11]

■

En las campañas pacíficas, el conocimiento de uno mismo y la consciencia interior cuidan el espíritu en lugar de vaciarlo. Al estar el espíritu cuidado y respetado, también lo está el corazón. Al estar el corazón cuidado y saludable, también lo está el cuerpo. Al estar el cuerpo cuidado y respetado, también lo está la mente.

Lo primero que aprende el guerrero pacífico es aquello relacionado consigo mismo. Es necesario hallar, antes que nada, el conocimiento de uno mismo, porque esto lleva consigo una mayor sensibilidad y vulnerabilidad. Cuando te conoces a ti mismo, automáticamente te haces sensible y vulnerable; no hay vuelta de hoja. Cuando no te conoces a ti mismo, eres insensible y vives con una impresión falsa de invulnerabilidad, un estado totalmente antinatural que, antes o después, genera conflicto, enfermedad y dolor.

Aprender esto nos conduce a la consciencia, y ésta trae de la mano la vulnerabilidad. Es como un ordenador que necesita *software* para funcionar. Sin éste, el ordenador no puede realizar su trabajo. Sin consciencia, la vulnerabilidad es dolorosa, porque funciona sin un entorno de comprensión y compasión.

Siempre que pienses algo acerca de otra persona, quizá un juicio negativo o una opinión que surge de un prejuicio, pon atención. Observa el interior. Muy probablemente la causa esté dentro de ti. Pero no te conoces a ti mismo, con lo que sigues confundiendo tus propias proyecciones con las realidades exteriores. Es imposible llegar a conocer algo real a menos que te conozcas a ti mismo. Y la única manera de conocerte a ti mismo es vivir una vida de permeabilidad y apertura a las distintas opciones. No vivas en una celda cerrada. No te escondas detrás de tu mente. Sal.

Una vez que hayas salido, serás consciente de muchas de las cosas que hay dentro que antes no estaban visibles. No eres un estudio de una sola habitación; tienes muchas habitaciones en una casa grande. Pero te has acostumbrado a vivir en el porche y has olvidado las habitaciones que hay dentro de la casa. Dentro de ti hay muchas habitaciones y sorpresas escondidas, y todos esos tesoros están constantemente invitándote a que los mires. Pero hasta que no hayas adquirido conocimiento de ti mismo, estarás ciego y sordo ante ellos.

EL SENDERO SIN SENDERO

[12]

■

No hay que conquistar a nadie, ni es necesario conseguir nada. Los senderos y las búsquedas sólo traen insatisfacción. Estás aquí y ahora, te guste o no. Por eso, todas las búsquedas y batallas resultan inútiles.

Tendemos a creer que la vida se compone de una serie de búsquedas o senderos, que de alguna manera tenemos que llegar de aquí hasta allí, del nacimiento a la muerte, del fracaso al éxito, del pie de la escalera a la parte superior. Se nos enseña que este esfuerzo es bueno para nosotros, que hará que nuestras vidas sean ricas y cómodas. Pero este esfuerzo conlleva también ansiedad personal, dolor y conflicto general. Esto no quiere decir que no haya un sendero temporal, pero no es más que una ilusión de la mente y, por tanto, de poca ayuda en el mundo espiritual en el que estamos entrando ahora.

De forma parecida, el maestro religioso nos enseña a menudo que si seguimos un método concreto, ya sea rezar, alabar o meditar, alcanzaremos el nirvana, el cielo, la luz. Esta enseñanza se nos aparece como un sendero por el que debemos caminar. Creemos en el crecimiento de la consciencia mediante senderos o métodos. Se usan corrientemente palabras como «crecimiento» y «progreso», que nuestra mente traduce contemplando todo como el camino hacia un objetivo. No hay ningún objetivo en el momento presente porque no hay nada más allá del momento presente.

El guerrero pacífico acepta el presente como es, y gracias a ello cambia. J. Krishnamurti y muchos otros maestros lo han definido como «el sendero sin sendero». La realidad es que no existe sendero, sino sólo un conocimiento que cambia una vida orientada hacia objetivos por una vida orientada hacia la presencia de la propia vida. El viaje es, de hecho, el destino.

En un pasaje del libro *A través del espejo,* de Lewis Carroll, se ejemplifica la idea de una batalla que tiene lugar contra uno mismo, una búsqueda para ganar o tener éxito en cualquier búsqueda espiritual o psicológica, es decir, una vida que vive fuera del presente. La Reina Blanca ofrece mermelada a Alicia, pero ésta contesta que no le gusta...

—*Es una mermelada muy buena* —*dijo la Reina.*

—*En cualquier caso, no quiero mermelada* hoy —*respondió Alicia.*

—*No podrías tenerla aunque sí la quisieras* —*dijo la Reina*—. *La regla dice: mermelada mañana y mermelada ayer, pero nunca mermelada* hoy.

—*Alguna vez* tiene *que llegar a «mermelada hoy»* —*objetó Alicia.*

—*No, es imposible* —*dijo la Reina*—. *Es mermelada todos los* otros *días: hoy no es otro día, como bien sabes.*

FORMACIÓN

[13]

∎

En la antigüedad, los guerreros pacíficos primero entendían y practicaban la paz interior, y después respetaban su propia vulnerabilidad y la de los demás; de este modo, no hay conflicto cuando surge la consciencia.

El problema fundamental a la hora de encarar el conflicto radica dentro de cada uno de nosotros como seres individuales. Si se nos enseña a estar en conflicto interiormente, nuestra visión de los que nos rodean será inmediatamente de conflicto potencial.

Si de niños y jóvenes aprendemos a estar en paz con nosotros mismos, nuestra actitud hacia los que nos rodean será compasiva y atenta. El hecho de reconocer conflictos en otros no nos supondrá una sacudida y podremos intentar sanarles en lugar de hacerles daño.

Enseñar a los jóvenes a estar en paz es, sencillamente, enseñarles a comprender quiénes son. Si sabes quién eres, te das permiso para ser feliz. Cada día eliges el sendero de la alegría en lugar del sendero del sufrimiento. Todas las religiones organizadas enseñan que el sufrimiento es un aspecto esencial de la vida y que sólo seremos felices después de la muerte. Ésta es una creencia falsa que proviene de la necesidad que había en los primeros tiempos de controlar a la sociedad. Si haces a la gente desgraciada, obedecerán las leyes. La iglesia y el estado llegaron al acuerdo de imponer este concepto básico a la sociedad. Todavía se usa como método en muchos países donde los gobernantes hacen sufrir a las mujeres para mantener el control de toda la sociedad.

También el hinduismo opera de este modo, especialmente en India, donde las mujeres son «propiedad» de los hombres y están obligadas a obedecer por miedo a la muerte. Este método supone una interpretación absolutamente corrupta y perversa de las sagradas escrituras (el Corán, los *Upanisads,* etc.); los hombres usan las palabras de los grandes maestros religiosos para sus propios fines oscuros. Ninguna escritura ha enseñado semejantes conceptos jamás.

Si enseñamos a los niños a quererse y comprenderse, todo lo que conlleva la vida cambiará para mejor en todo el mundo. Es la doctrina más sencilla que existe, pero la que los seres humanos actuales encuentran más difícil de aprender, porque la mayoría de ellos no saben quiénes son. El resultado es que todos buscamos nuestra sabiduría fuera de nosotros mismos: en Dios, en el dinero y, por tanto, siempre en la guerra.

No enseñes al niño que sólo Dios conoce la respuesta, porque Dios no la conoce. Dios es sólo un reflejo de nosotros mismos.

He aquí un relato precioso acerca de una de las primeras mujeres iluminadas de nuestra historia. Se llamaba Gargi y vivió en India hace unos cinco mil años, cuando se estaban escribiendo los *Upanisads,* una época en la que las mujeres aún no eran tratadas tan cruelmente como en la actualidad.

Según la leyenda, en esa época tuvo lugar un concurso para determinar quién era la persona más sabia del reino. El premio consistía en mil vacas, cada una de ellas adornada con cuernos dorados y cubierta de joyas. Era un gran premio. Había un hombre que lo había ganado en numerosas ocasiones y su arrogancia le hizo creer que iba a ganarlo de nuevo, hasta el extremo de que ordenó que llevaran las mil vacas doradas y enjoyadas a su casa antes del concurso. Tal era su fulgurante orgullo.

Pero llegó Gargi al centro de la ciudad a buscar a su marido y, por casualidad, se enteró del concurso y del hecho de que este hombre, Yagnavalkya, daba por supuesto que la victoria iba a ser suya. Gargi se presentó ante el emperador y le dijo que ella terminaría el concurso con dos preguntas para Yagnavalkya. A pesar de que el premio nunca había ido a manos de una mujer, el emperador accedió.

Gargi se plantó delante de Yagnavalkya y formuló la primera de las preguntas:

—¿Quién creó el mundo?

Yagnavalkya contestó inmediatamente, sonriendo con desprecio:

—Dios, por supuesto. Todo lo que existe ha de tener un creador.

Gargi devolvió la sonrisa y formuló la segunda pregunta:

—Entonces, ¿quién creó a Dios? Si todo lo que existe necesita un creador, ¿quién creó a Dios?

Gargi ganó las vacas de los cuernos dorados y Yagnavalkya nunca más volvió a presentarse al concurso.

¿Por qué enseñamos a nuestros hijos que Dios lo creó todo?

[14]

∎

Tanto el poder como la vulnerabilidad están dentro de ti y dentro del otro. Por eso, los guerreros hábiles y pacíficos son tan poderosos como vulnerables, pero no por ello desean hacer vulnerables a los demás. El poder puede reconocerse pero no fabricarse, y depende del conocimiento que se tiene de uno mismo, mientras que la vulnerabilidad es una cuestión de aceptación.

El poder y la vulnerabilidad no se pueden «adquirir». El poder surge cuando eres responsable de tu propia vida. ¿Cómo puedes ser responsable de tu propia vida si no sabes quién eres? Conócete a ti mismo a través del conocimiento constante y te harás poderoso.

La vulnerabilidad también está dentro de ti. No puede conseguirse, porque ya está disponible. Simplemente tienes que verla: escucha atentamente a tu corazón y la reconocerás. Hay muchas formas de encubrir nuestra vulnerabilidad: el ansia de riqueza, el alcohol o las drogas, la rabia y la frustración son todos intentos de ocultar a los demás y a nosotros mismos quiénes somos. La necesidad de esconder nuestra vulnerabilidad no es más que la anticipación del dolor resultante de nuestras experiencias pasadas. Ven al presente, elimina el camuflaje, y los mágicos resultados que obtendrás te convencerán. Con el conocimiento de la debilidad adquirimos también una fuerza inmensa, dado que la debilidad y la fuerza son la misma cosa.

Así, el poder y la vulnerabilidad permanecen juntos cuando no existe culpa ni miedo. Aquellos que sienten miedo también temen ser vulnerables. Los más vulnerables son los más fuertes.

Aquellos que sienten miedo también temen al poder. Los más poderosos son los más vulnerables. Si tienes el poder y la vulnerabilidad como aliados, surge en ti la compasión, porque puedes ver la vulnerabilidad de los demás. No existe el deseo de «hacer» débiles a los demás, pues compruebas que su debilidad es semejante a la tuya. ¿Cómo vas a hacer a alguien lo que ya es?

Eso sucede también con el poder. Si otra persona es poderosa, te alegrarás con ese poder, porque su presencia es una bocanada de frescor y belleza. No hay nada que compita con ello. Y en la debilidad y la vulnerabilidad no hay nada que condenar.

Nadie puede ser poderoso a menos que controle su propia vida, y el autocontrol es el resultado de la aceptación de la responsabilidad. No culpas a nadie por tu vida ni por ninguno de sus aspectos. Eres responsable de todo lo que haces, y esto significa *todo,* sin excepciones. Una vez que somos capaces de comprender esto, nos hacemos más poderosos que nadie, más que el político o el religioso, más que el presidente o el rey, porque dirigimos cada momento de nuestra existencia.

Sólo con este poder, con la aceptación de nuestro propio poder, comprendemos la vulnerabilidad, porque la falta de reproches conlleva compasión hacia nosotros mismos, y la compasión hacia nosotros mismos conlleva, automáticamente, como por arte de magia, compasión hacia los demás.

No podemos hacer poderosos a los demás; sólo a nosotros mismos. Y con este conocimiento nos damos cuenta de que no deseamos hacer vulnerables a los demás, sino aceptar su vulnerabilidad. Todos somos potencialmente poderosos y todos somos siempre vulnerables. Cualquiera que diga que tiene una «coraza» no es más que un estúpido.

Recuerda simplemente que el hecho de tomar a alguien de las manos y sonreírle cálidamente es un acto creativo. Comparte el poder.

[15]

■

Aquellos que sólo comprenden el miedo retroceden ante el mundo. Aquellos que comprenden el poder y la naturaleza crecen gracias a esa libertad. Por eso, permite que aquellos que temen mueran temiendo, permite que aquellos que comprenden la naturaleza crezcan en libertad. Ambos se cuidan y consiguen la victoria absoluta. No te identifiques; solamente acepta con compasión.

El miedo se aprende. No nacemos con miedo. Si naciéramos con miedo, nunca dejaríamos el seno materno. Nuestros padres, nuestros maestros y nuestros amigos nos enseñan el miedo. A cambio, nosotros, si no aprendemos otra cosa, también enseñamos a nuestros hijos a tener miedo. Éste es el verdadero origen de todas las guerras del mundo. La guerra nace del miedo. La paz y la alegría nacen del amor, del equilibrio y, por ello, de la compasión. No hay nada misterioso en esto. Es la cosa más simple del mundo; no es nada esotérico ni espiritual, sino real.

El problema surge de nuestra adicción al miedo. Lo amamos. Lo cuidamos. Y también lo odiamos y nos lamentamos de su presencia.

Esta adicción es una de las más poderosas, ya que se reafirma cada segundo del día. La preocupación responde a un uso erróneo de la imaginación como consecuencia de la adicción al miedo. Ni más, ni menos.

La comprensión de la responsabilidad individual —cuando afirmo ser el único responsable de mi propia vida— permite crecer, dada la libertad que resulta de ello. Lo que no puedes hacer es que los demás sean responsables; así que déjalos con su adicción. Déjalos con su propio «entrampamiento». No eres el responsable de cambiarlos. Sólo eres responsable, naturalmente, de la compasión que experimentarás a partir de tu propia libertad. Tanto los asustados como los libres conseguirán su propia victoria. No puedes ayudarlos. Identificarte con cualquiera de ellos no hará más que destrozar tu propia libertad. Simplemente, acepta con compasión. La aceptación lo es todo. Si haces todo partiendo de tu propia libertad, cada acto es una ofrenda en el altar de la vida. Habla así con Dios.

[16]

■

Lo sabido no es valioso, lo visto no es preciso, lo oído no es relevante, excepto a través de la consciencia y el amor.

A menos que hayamos aprendido a tener consciencia, es decir, a menos que nos hayamos conocido a nosotros mismos, no podremos realmente saber, ver u oír nada. Cuando somos inconscientes, todo lo que sabemos es lo que nos han enseñado, todo lo que vemos es aquello con lo que nos identificamos y todo lo que oímos es aquello que seleccionamos mediante nuestro sufrimiento.

Estas cosas no son relevantes excepto para nuestro sufrimiento y nuestros miedos.

La consciencia, algo realmente simple, abre el corazón a la vida a través de la libertad, abre el ojo ciego y despierta el oído. Es como si, hasta llegar a ser conscientes, hubiésemos estado ciegos, sordos y mudos, y, de repente, todo resulta claro por primera vez en nuestra vida. Esto supone una gran sorpresa, ya que hasta ese momento la única vista de que disfrutábamos era la del ojo ciego del ego.

He aquí un gran relato que nos ayuda a entender esta verdad. El maestro zen Hakuin recibió a un guerrero samurái que había acudido a él en busca de consejo. Un samurái es un gran soldado, muy respetado por todos, e incluso lo era por el emperador de aquel tiempo.

Hakuin le preguntó:

—¿Existe el infierno, existe el cielo? Si existen el infierno y el cielo, ¿dónde están las puertas? ¿Desde dónde entro? ¿Cómo puedo evitar el infierno y elegir el cielo?

El samurái era un simple guerrero y dijo:

—Soy un samurái, soy un jefe de samuráis. Hasta el emperador me respeta.

Hakuin rió y dijo:

—¿Tú un samurái? Pareces un mendigo.

Esto hirió el orgullo del samurái y afectó a su ego. Le hizo olvidar para qué había acudido a ver al maestro. Sacó su espada con intención de matar a Hakuin. Olvidó que había acudido a ese maestro para preguntar dónde estaban las puertas del cielo y del infierno. Entonces Hakuin sonrió y dijo:

—Ésta es la puerta del infierno. Esta puerta se abre con esa espada, esa furia, ese ego.

Un guerrero es capaz de comprender este tipo de razonamiento. Inmediatamente supo que ésa era la puerta. Volvió a enfundar su espada. Y Hakuin dijo:

—Esto permite abrir las puertas del cielo.

[17]

■

En la antigüedad, el guerrero pacífico triunfaba sin fuerza ni esfuerzo. No hay nada inteligente ni valiente en un guerrero pacífico. Sin embargo, sus campañas no dependen de la suerte, porque se encuentran donde el Camino y la Tierra les dan soporte, mientras que los inconscientes siempre están perdidos.

No hay ningún mérito en la consciencia. No hay nada especial en el hecho de ser consciente de ti mismo y de lo que te rodea. La consciencia es un proceso natural. El único problema es que los seres humanos lo han olvidado, y es por eso que le dan una relevancia especial. Para los que adquieren consciencia, no hay nada de especial en ello. No son necesarios ningún esfuerzo ni ninguna fuerza. El valor no supone un problema para un guerrero pacífico y consciente. El valor y el conocimiento sólo surgen como problemas en las mentes de los inconscientes, porque no tienen experiencia en esos temas; por eso, identifica y alaba en consecuencia.

Por todo ello, cualquiera que sea la campaña, el guerrero pacífico y consciente no obtiene el éxito merced a la suerte o a la casualidad, sino a que, gracias a su conocimiento, estará en el lugar adecuado en el momento preciso haciendo lo correcto, sencillamente porque posee el conocimiento de este lugar y este tiempo. La Vida y la Tierra le apoyarán en ello.

Mientras tanto, los inconscientes están siempre perdidos, asustados, tristes y en constante sufrimiento.

[18]

∎

Así, los buenos guerreros pueden afrontar cualquier tipo de situación y observar todo lo que les rodea con la mente alerta, accesibles a todos los oponentes y a todos los amigos.

Un ejército victorioso es consciente de que su corazón está en guerra, y lo acepta; un ejército derrotado cree que lucha por la paz, y se niega a hacerlo.

Para el guerrero pacífico y consciente, todas las cosas son iguales. Todo está en equilibrio y lleno de conocimiento vivo, accesible a todo el mundo, que es, en último término, amigo.

El guerrero victorioso sabe que su corazón puede estar, de forma natural, tanto en guerra como en paz. Cuando estamos equilibrados, en nuestros corazones y en nuestras almas estamos igualmente en guerra y en paz.

Pero el perdedor cree que va en busca de la paz, que éste es, de algún modo, el único camino. Así, niega la guerra y, con ello, pierde.

La mente y el ego están en todo momento orientados hacia la consecución de resultados. «Si hago esto, ¿qué pasará?»; «si gasto este dinero, ¿cuánto más tendré que ganar?»; «si medito, ¿qué conseguiré?» La constante percepción de la falta de tiempo ayuda a mantener esta orientación hacia la obtención de resultados. Debo mantenerme en forma, así que tengo que hacer una hora de ejercicio cada mañana a las ocho. Debo meditar, así que tengo que hacer una hora de meditación a las siete. Esto no es más que una mala gestión del estrés, y no una buena gestión del cuerpo o del espíritu.

Imagina que no hubiera resultados predecibles. Imagina que los resultados fueran siempre distintos y nunca coherentes, que nunca supieras cuál será la consecuencia de lo que hagas. Seamos honestos: esto es lo que sucede en la realidad. Sólo *deseamos* conocer el futuro; nunca sabemos de verdad lo que va a pasar.

He aquí un cuento de la tradición zen. Hyakujo reunió a sus monjes con el propósito de designar a uno de ellos para que fundara un nuevo monasterio. Colocó una jarra llena de agua en el suelo y dijo:

—¿Quién puede decir qué es esto sin usar su nombre?

El superior de los monjes, que deseaba conseguir el puesto, dijo:

—Nadie puede decir que es un zapato de madera.

Otro monje dijo:

—No es un estanque, porque puede ser transportado.

El monje cocinero, que estaba cerca, volcó la jarra de una patada y se alejó.

Hyakujo sonrió y dijo:

—El monje cocinero será el superior del nuevo monasterio.

El ego planifica y, al hacerlo, no tiene conciencia de la realidad. La realidad sólo puede encontrarse de forma espontánea; si planeas algo de antemano, podrás estar preparado, pero no tendrás conciencia de la realidad. Una persona preparada no podrá responder; he aquí la contradicción. Una persona que no está preparada, que no ha planeado nada, que actúa espontáneamente, alcanza el corazón de la realidad.

[19]

■

Aquellos que cultivan el Camino no necesitan armas y {con ellos} las normas se mantienen por sí mismas. De esta forma, el gobierno es algo natural y no hay lugar para la corrupción.

Aquellos que están en el Camino, que, mediante el conocimiento consciente, saben los procesos naturales de la vida, no necesitan armas ofensivas. Cuando se conoce el Camino, las normas no necesitan ser vigiladas, porque la naturaleza dicta la dirección a seguir. En esta situación, los que gobiernan siguen lo que dicta la naturaleza y la corrupción es algo anecdótico. ¿Quién puede ganar mediante la corrupción si ésta obra por debajo del nivel superior en que se manifiesta el genio? Para los que conocen su naturaleza, no puede ser una amenaza, sino, sencillamente, algo tonto.

Gran parte del problema ocasionado por la relación entre corrupción y poder es que la mayoría de las personas malinterpretan los conceptos de «poder» y «corrupción». Hemos mencionado la verdadera naturaleza del poder: solamente se adquiere por la responsabilidad, no por la posición que se ocupa. Suele definirse la corrupción de acuerdo con la idea de que se debe al exceso de poder, como afirma la famosa frase de Lord Acton: «el poder corrompe; el poder absoluto corrompe de forma absoluta». Puede extraerse de esto la impresión de que el verdadero origen de la corrupción es el poder, cuando en realidad no es así. La corrupción existe en aquellos que ya están corruptos. Puede haber políticos o ricos hombres y mujeres de negocios que la practiquen, pero no se debe al poder de que disponen. El poder, o la ilusión de él, simplemente ofrece a los individuos que ya son corruptos la oportunidad de expresar su corrupción.

La política y los negocios ofrecen más oportunidades de ser corruptos a aquellos que ya lo son. Y, de hecho, en lo que concierne a nuestra perspectiva espiritual, estos individuos no son más que estúpidos, como también lo son aquellos que los temen y los siguen. Por tanto, el poder es simplemente un espejo que refleja lo que realmente son los corruptos.

Si desarrollamos nuestro conocimiento de nosotros mismos y, con ello, nuestro conocimiento de los demás, percibiremos al individuo corrupto mucho antes de que pueda hacernos ningún daño. En una sociedad en la que el conocimiento de uno mismo fuera la norma general, la corrupción sería irrelevante. En una sociedad en la que hay muy poco o ningún conocimiento de uno mismo, la corrupción es un problema grave.

[20]

■

Cinco son los métodos del guerrero pacífico: amor, consciencia, vigilancia, silencio y poder. La relajación y la aceptación hacen que surja el amor; el amor y la presencia hacen que surja la consciencia; la consciencia hace que surja el silencio; el silencio hace que surja la vigilancia. El amor, la consciencia, la vigilancia y el silencio hacen que surja el poder.

[21]

■

Por tanto, un grupo consciente es lo que un estanque a un centilitro de agua; un grupo en conflicto es lo que un centilitro de agua a un estanque.

Cuando un hombre pacífico entra en campaña con otros y todos ellos actúan como si estuvieran dirigiendo una inmensa riada hacia un profundo abismo, estamos ante una cuestión de formación.

Un grupo de individuos conscientes, incluso si es pequeño, es un ejército en sí mismo, mientras que un grupo numeroso de individuos inconscientes tiene muy poco valor. J. Krishnamurti, el maestro espiritual, afirmaba que si cien individuos conscientes meditaran juntos, aunque sólo fuera en una ocasión, el resultado sería una mayor consciencia en el mundo entero.

Pon al guerrero pacífico a la cabeza del grupo inconsciente y se conseguirá mucho más.

FUERZA

[22]

■

La fuerza como energía natural mueve sin esfuerzo. Un guerrero tiene fuerza cuando está en el Camino; cuando no lo está, la carga le abruma.

Ésta es la dificultad fundamental de las guerras modernas y la razón de que todas las guerras se pierdan. Toda fuerza (la que desarrolla el agua que fluye, la del viento turbulento o la del fuego de un volcán, por ejemplo) se mueve con el equilibrio natural de este pacífico planeta. Por eso, siempre prevalece. La fuerza de un moderno ejército humano, como no posee equilibrio y no es natural, siempre pierde.

Incluso cuando un ejército moderno consigue algún cambio temporal, no es capaz de mantenerlo, porque ambos lados de la batalla están desequilibrados y han sido creados para sostener condiciones antinaturales. Un ejército puede pretender apoyar una desviación religiosa o una ambición territorial. Puede también, como ha sucedido con los ataques terroristas en el pasado, pretender imponer un punto de vista, quizá una actitud religiosa concreta, y los contraataques que emprenden las fuerzas del otro bando sólo pretenden la misma cosa pero desde un punto de vista distinto. Ninguna de estas fuerzas se mantendrá porque ninguna de ellas tiene equilibrio. No «andan en el Camino». Los terroristas se mueven por odio, ira, estupidez, vanidad, dogma religioso. En esto no hay equilibrio. La fuerza de los contraatacantes proviene de ideas similares: venganza, avaricia, miedo, defensa, etc. En esto tampoco hay equilibrio. Ambos bandos son, por tanto, perdedores y nadie ganará.

No puede hacerse la paz mediante la guerra y ninguna batalla inconsciente puede traer equilibrio. Dios no «salva» a ninguno de los bandos que participa en una guerra. Las proclamas «Dios, salva a los Estados Unidos» o «Alá, salva al islam» suponen una inútil pérdida de aliento. Dios no va a salvar a nadie, porque Dios es existencia, y la existencia refleja sólo a aquellos que la ocupan. Si los que ocupan la existencia son inconscientes, como en el caso de cualquier dirigente o ejército inconsciente, el resultado no será otra cosa que más guerra y destrucción, sin valor alguno.

Al guerrero que está fuera del Camino le abruma su carga y, así, sólo producirá más guerra, en un proceso sin fin. Esto es lo que sucede en la mayor parte del mundo hoy en día, y así seguirá sucediendo hasta que se consiga adquirir consciencia y equilibrio.

[23]

∎

Para alcanzar el poder y la fuerza sin esfuerzo, el guerrero debe descubrir el vacío y la plenitud. Éstos se hallan mediante el conocimiento de uno mismo y de lo inesperado.

Así, el guerrero pacífico conoce de forma permanente lo no convencional a través de la consciencia, que es tan inacabable como un río. La consciencia es un ciclo eterno, nacido y renacido como las estaciones.

El poder y la fuerza constantes y naturales, que aportan la fuerza natural del viento o del mar, se descubren mediante la comprensión humana del vacío y la plenitud. Este conocimiento es el conocimiento del equilibrio en la naturaleza humana. Los seres humanos poseen la fuerza natural de la naturaleza tanto como la poseen el viento y el mar, pero deben «desaprender» todo lo que han aprendido durante la educación social, que está muy mal orientada.

El vacío es el poder del silencio interior y se alcanza mediante la absorción y el seguimiento de los cinco principios básicos que describimos anteriormente: amor, conocimiento, vigilancia, silencio y poder. Si el guerrero deja de practicar alguno de ellos, no alcanzará el vacío y la plenitud. La plenitud es el poder de aceptar los cambios, incluso cuando son impredecibles. La vida es un viaje, no un hogar. Todos somos viajeros que llevamos a cabo una búsqueda, y la existencia nos ofrece lo inesperado siempre que estemos abiertos a absorberlo y a aprender de ello. Ésta es la verdadera educación.

Por tanto, el guerrero pacífico y poderoso sabe que el cambio y la no ortodoxia son sus aliados. Lo sabe mediante la consciencia que se deriva de la práctica de los cinco principios básicos. En la vida no hay más que momentos, y cada uno de ellos es distinto. No hay más patrón que la falta de patrón. La mente intenta constantemente dibujar patrones y siempre fracasa. Por eso, todos los ejércitos modernos fracasan: están formados por soñadores.

[24]

■

Al carecer de ansiedad, la velocidad del agua que se precipita puede mover grandes piedras sin esfuerzo. La velocidad de un halcón hace que la presa dé su vida de forma natural. Así sucede con el guerrero pacífico, cuyo poder y fuerza son tranquilos y cuya velocidad es natural.

El grupo o el individuo que se mueve como agua que se precipita se mueve sin miedo, y todo lo demás sigue su estela. El grupo o el individuo que caza como el halcón obtiene su presa sin fallar. Para encontrar esta fuerza natural, el guerrero debe vivir conscientemente, con calma y a una velocidad que sea natural. Deberá aceptar quién es sin reprimirlo.

Observa al corredor en su segunda respiración. Se ha situado dentro del Camino y nunca se sentirá cansado. Observa al guerrero que emprende su búsqueda con consciencia. Nunca fallará y nunca será derrotado, porque eso nunca supondrá un problema para él. Los que son así no necesitan la guerra, porque la victoria se ha conseguido antes de que se entablara la batalla.

Cuando a un niño le asusta la oscuridad, le decimos:

—No tengas miedo, sé valiente.

¿Por qué? El niño es inocente; por naturaleza siente miedo a la oscuridad. Le forzamos: «Sé valiente». Entonces él se obliga a sí mismo y se pone tenso. Ahora soporta la oscuridad, pero con tensión. En ese momento, todo su ser está listo para temblar. Este temblor reprimido le perseguirá toda su vida. Era bueno temblar en la oscuridad; no había nada malo en ello. Era bueno llorar y correr; no había nada malo en ello. El niño habría salido de la oscuridad con más experiencia, con más conocimiento. Y al pasar por la oscuridad temblando y llorando y sollozando, se habría dado cuenta de que no había nada que temer. Al reprimirle, el niño nunca experimenta de forma completa aquello que le asusta, nunca saca nada de ello. La sabiduría llega a través del sufrimiento y la aceptación. Sea lo que sea lo que te produce temor, permanece relajado. Al fin y al cabo, eso es lo que tú eres.

[25]

∎

El orden y el desorden son una cuestión de autoprecisión, consciencia y vigilancia, y no pueden darse por sentados. Cuando se dan por sentados, surgen la timidez y la debilidad.

Para que la fuerza y el poder aparezcan sin esfuerzo es necesario estar en sincronía con la existencia. La causa de que una roca ruede por una montaña no es la roca, sino la montaña. El poder y la fuerza del guerrero no se deben al guerrero, sino a su coincidencia con la existencia.

Ningún individuo o grupo puede adquirir fuerza natural sólo mediante el entrenamiento exterior por parte de un maestro inconsciente. El individuo o grupo necesita aprender autoprecisión, consciencia y vigilancia en sincronía con la vida. Estos temas no pueden darse por sentados, porque necesitan ser alimentados en todo momento. Alimentar cada instante sólo puede hacerse cuando el guerrero reconoce que el momento presente es el único factor importante. Reconocer el momento como el único factor importante requiere consciencia y vigilancia. Éste es el círculo benévolo de la existencia.

El reconocimiento del momento incluye el conocimiento de todo lo que rodea ese momento y existe en él. Esta visión de todo lo que rodea el instante se da mediante el conocimiento consciente de lo que está presente en él: el aire, los olores, lo que se ve, los sonidos, los sentimientos, los pensamientos, todo lo que existe en ese momento. Fundamentalmente nos enseñan a mirar fuera de nosotros mismos y nuestra visión se ve entorpecida por las ansiedades de nuestro condicionamiento. Si nos da miedo nuestro entorno, éste estará teñido por el miedo y sólo permanecerá abierto nuestro ojo ciego. En el momento en que perdemos nuestro miedo, la vida se vuelve visible de forma mágica. Una vez que la vida es visible, estamos en el Camino y automáticamente alcanzamos el conocimiento y el poder. Esto es la sincronía con la existencia. Somos como rocas que ruedan por una colina. Si vemos la colina y sentimos cómo nos lleva, o el río que fluye por debajo de nosotros y a nuestro alrededor, entonces somos conscientes y poderosos.

Lo más extraordinario acerca de esta «coincidencia» con la vida es que funciona como por arte de magia. Si aceptas la presencia del miedo a través de la consciencia, las cosas que te asustan dejarán de hacerlo. Pero siempre habrá otra pregunta, porque el Dios que está dentro de nosotros nunca puede ser conocido. He aquí un precioso poema del escritor polaco del siglo XX Leopold Staff:

No creí,
de pie a la orilla de un río
ancho y rápido,
que cruzaría ese puente
trenzado con juncos delgados, frágiles,
atados con fibra de cáñamo.
Anduve delicadamente, como una mariposa,
y pesadamente, como un elefante;
anduve con seguridad, como un bailarín,
y vacilé como un ciego.
No creí que pudiera cruzar ese puente;
y ahora que estoy de pie al otro lado
no puedo creer que lo haya cruzado.

VACÍO Y PLENITUD

[26]

∎

Aquellos que están los primeros para enfrentarse a sí mismos, que esperan las respuestas, podrán relajarse y amar. Los que eviten el conocimiento de sí mismos culpando a los demás se agotarán y odiarán.

Sé responsable de ti mismo. Confronta tus dudas y asegúrate de que son sólo tuyas. De esta forma, tendrás el control de todo lo que es importante para ti: tú mismo y tus necesidades. Así podrás relajarte, porque nadie estará tomando el control de tu vida. Si prescindes de ti y buscas fuera al responsable de tus problemas o alegrías, drenarás tu propia energía y odiarás a los demás por apoderarse de tu poder, con lo que te odiarás a ti mismo también.

El excéntrico y gran George Gurdjieff, maestro terrorífico, dijo en una ocasión:

En su momento, independientemente de lo que se empiece, uno debe ir a Filadelfia. Después de Filadelfia, todos los caminos son iguales.

Todo el mundo debe ir a Filadelfia. Todos piensan que me refiero a la Filadelfia norteamericana. Pero {...} para entenderlo deberán descubrir el verdadero significado de «Filadelfia». Todo el mundo debe ir a la «Ciudad del amor fraterno», así todos los caminos serán iguales.

Secret Talks with Mr. G., por E. J. GOLD

La Filadelfia original fue una de las ciudades a las que Juan el Zebedeo envió cartas al principio del libro de la Revelación, según cuenta la Biblia. Filadelfia fue llamada así por un gran rey que amaba enormemente a su hermano y lo perdió en combate. Filadelfia recibió ese nombre porque significa «amor fraterno».

Lo que Gurdjieff quería decir, sencillamente, era que mientras no tengamos compasión no seremos nada y que todos los caminos, ya sean espirituales o de cualquier otro tipo, llevan al amor.

[27]

■

Con ello, el guerrero pacífico podrá retirarse a su interior y estará disponible para los demás.

Otros vendrán porque esperan aprender, mientras que los inconscientes, los ciegos, se mantendrán alejados, víctimas de un desconocimiento terco.

Al depender de ti mismo te haces accesible a la vida y a los que busquen tu sabiduría. Aquellos que duerman en su ceguera no buscarán, sino que se mantendrán en sus propios mundos inconscientes sin recursos.

Dios o la sabiduría no son invisibles. Sencillamente, no tenemos la vista adecuada para verlos. No estamos suficientemente sintonizados para permitir que lo sutil abra sus puertas. Las religiones «organizadas» nos dicen que este mundo está disponible para nosotros y que el cielo no lo estará mientras no nos comportemos adecuadamente y muramos. El mundo es «esto» y el cielo es «aquello». La muerte deberá arrastrarte de «esto» y, en ese momento, quizá alcances «aquello». Ambos conceptos se contemplan como totalmente separados y dependientes de nuestro comportamiento en «esta» vida.

«Esto» y «aquello» no están separados. «Esto» alcanza a «aquello» y «aquello» alcanza a «esto» cuando el ojo ciego del ego se cierra y se abre el verdadero sentido de la vista. «Esto» es «aquello». Este mundo es Dios. Lo visible oculta lo invisible.

Permanece enraizado en la tierra, usando la energía *chi* para mantenerte pegado a ella. Una vez que estés firmemente asentado en ella, podrás alcanzar el cielo.

[28]

■

Así, cuando los que vienen están confiados, es posible hacerlos avanzar. Cuando son arrogantes, es posible empezar nuevas lecciones. Cuando están dormidos, es posible despertarlos.

Así, el guerrero pacífico se esconde donde no se le pueda encontrar, desaparece donde menos se espera que lo haga.

El guerrero pacífico siempre se convertirá en un maestro porque la consciencia, una vez aprendida, debe devolverse a la vida. Y este «devolverse a la vida» significará invariablemente «devolverse a los seres inconscientes». En esto no hay nada que pueda hacernos sentir orgullosos, y el guerrero pacífico no buscará discípulos, sino que estará disponible para los que busquen la sabiduría.

Este sutra simplemente define las formas en las que el guerrero pacífico y consciente establecerá su postura en lo que se refiere a estar disponible.

Aquellos que vengan a aprender con confianza profundizarán en sus descubrimientos, mientras que los que tienen demasiada confianza en sí mismos recibirán sobresaltos y nuevas enseñanzas. Los que estén dormidos serán despertados. Y, para facilitar este planteamiento, no será sencillo encontrar al profesor, porque si está visible se sitúa como superior. Si está escondido, los inconscientes tendrán que trabajar para encontrarlo.

Todo esto forma parte de la modestia y distinción del guerrero pacífico. No hay manipulación ni esquema previo, ni tampoco demanda. Pero también podemos encontrar escondida en este sutra la verdad del lugar donde reside el auténtico maestro:

dentro de cada uno de nosotros. Siempre somos nuestros propios maestros, pero puede que necesitemos un empujón en la dirección correcta. En India, al verdadero maestro se le llama «gurú». Esta palabra ha quedado corrompida por los miedos y actitudes occidentales y por la presencia de falsos maestros y gurús, especialmente en los Estados Unidos.

La palabra «gurú» es difícil de traducir para que tenga sentido para una mentalidad occidental. El fenómeno del gurú es tan profundamente indio que no existe otro idioma que sea realmente capaz de traducirlo en todo su significado. La palabra «gurú» está compuesta por dos vocablos, «gu» y «ru». «Gu» significa oscuridad y «ru» significa el que la dispersa. «Gurú» significa literalmente «la luz». Si encuentras a un Buda o a un Jesús, te será de gran ayuda para descubrir tu luz interior, tu gurú, porque al ver a Buda te llenas de un gran entusiasmo y esperanza: «Si puede sucederle a Buda (que es exactamente como tú, el mismo cuerpo, los mismos huesos), si puede sucederle a este hombre, ¿por qué no va a poder sucederme a mí?» La esperanza es el principio. Encontrar al maestro en el exterior es el principio de una gran esperanza, de una gran aspiración. Por eso, todos los que han encontrado la luz interior deberán dar la luz a los demás de igual manera, movidos por la compasión que resulta de ello.

[29]

■

Sé sutil hasta el extremo de ser informe. Sé misterioso hasta el extremo de ser silencioso. De esta forma serás el reflejo de los que acudan a ti.

Para poder enseñar, el guerrero pacífico y consciente debe ser el espejo, es decir, los que vayan para aprender sólo se verán a sí mismos en el maestro. Si el maestro está sobrecargado de carácter y ego, aquellos que vayan a aprender no aprenderán más que lo que ya saben.

Ésta es la base de todo entendimiento espiritual. Los falsos maestros extienden sus alas de egocentrismo y las agitan con engaño, mientras que los realmente iluminados están libres de trampas y son transparentes para todos.

El verdadero maestro no colmará tus expectativas, mientras que un falso maestro te dirá exactamente lo que deseas escuchar. Este último te seducirá porque desea que seas su discípulo y no le abandones; al seguirle, estás fortaleciendo su ego mientras él fortalece el tuyo. Esto no tiene ningún valor en un proceso o búsqueda espiritual.

Con el verdadero maestro tienes que trabajar duro y, en ocasiones, resultará doloroso. El verdadero maestro trabaja contigo como si fuera un escultor, cincelándote. Te aparta, te quita de aquí y de allá para cambiar tus hábitos, para darte una nueva vida. En un sentido muy auténtico, el verdadero maestro te mata, porque mata el ego. En efecto, él es la causa de tu muerte, porque sólo después de la muerte existe la oportunidad de resucitar.

Todo esto lo puedes intentar tú solo, pero es mucho más difícil, porque no hay nadie que te pueda ayudar y darte ánimos. No tienes referencias ni guía, y la noche espiritual se vuelve muy oscura.

[30]

∎

Si tú eres uno en ti mismo y aquellos que acuden a ti están frag-
mentados en muchas partes, tú estás concentrado y ellos están dispersos.
Su desorden y su caos fortalecerán tu concentración.

Estos sutras pueden considerarse relacionados con la enseñanza de los no iluminados o con tu propia enseñanza desde tu
interior. También son instrucciones para hallar la mejor manera de enfrentarse al oponente en batalla. Si el general de un ejército está iluminado, también lo estará su poder para ganar la
batalla. Con ello, el enemigo sufrirá su propia falta de poder y
de iluminación. Esto significaría la victoria sin llegar a entrar en
combate. Si los dirigentes pudieran emplear la iluminación contra sus enemigos, no se librarían batallas. Si los llamados enemigos pudieran estar iluminados, nunca habría guerras. Des-
graciadamente, ni los dirigentes modernos ni sus enemigos están
iluminados, con lo que la guerra es inevitable e interminable.

El gran maestro indio U. G. Krishnamurti dijo: «No espe-
res que el mundo esté jamás en armonía. Si pudieras tomar una
máquina del tiempo y viajar mil años hacia el futuro, todavía en-
contrarías un mundo sin armonía. Nada cambiará en este aspecto jamás. Sólo te queda, por tanto, una alternativa: tu propia
armonía. Sé armonioso en tu interior y estarás en consonancia
con el mundo fácilmente. En ese momento, ¿qué importa la
cantidad de idiotas que haya a tu alrededor?»

[31]

■

Cuando el guerrero pacífico se mantiene misterioso y discreto, aquellos que lleguen harán muchos movimientos de defensa. Muchos movimientos de defensa implican ataques pequeños.
Un gran ego no implica buenos resultados.
Por eso el guerrero pacífico y sabio es informe, misterioso, silencioso y flexible: ahí radica su genio.

Cuando encuentras a una persona predecible, alguien a quien conoces inmediatamente porque es como tú, es fácil tratar con él, librar batalla con él, y puedes apuntar tus flechas allí donde más daño harán. Pero si encuentras al guerrero pacífico, al ser iluminado, éste no será tan visible o predecible porque mantendrá el misterio. Con ello, el atacante o el discípulo necesitarán siempre disparar muchas flechas en muchas direcciones distintas, es decir, tendrán que llevar a cabo pequeños ataques. Con la persona predecible, el ego es el único blanco, y todos conocemos el ego porque todos tenemos uno. Con el guerrero pacífico no hay ego y, por tanto, no hay blanco.

SOBRE EL CONOCIMIENTO DE NOSOTROS MISMOS

[32]

∎

Para aprender acerca de nosotros mismos, solemos acumular nuestras experiencias pasadas y la sabiduría de otros. Después, hacemos acopio de nuestra fuerza interior y nos abrimos al cambio. No hay nada más difícil de conseguir que llegar a conocerse a uno mismo.

La mayor dificultad de conocerse a uno mismo radica en transformar lo negativo en positivo.

Por ello, haz el esfuerzo de manera atenta a la espera del entendimiento. Cuando hayas alcanzado el resultado antes de lo esperado, sabrás que has encontrado el método. Por eso, el conocimiento de uno mismo es beneficioso y emocionante.

En estos párrafos Sun-Tzu esboza la forma en la que la sabiduría se acumulaba idealmente en su tiempo. El conocimiento de nosotros mismos se aliaba con la nueva sabiduría y tenía lugar el cambio.

Hoy en día, esto rara vez sucede, ya que la mayor parte de nuestra experiencia y las enseñanzas que recibimos adolecen de falta de sabiduría y son fundamentalmente periféricas, es decir, suelen estar relacionadas con conocimientos que en muy pocas ocasiones estimulan el crecimiento interior. No nos enseñan que lo primero es entender quiénes somos, y si no sabemos quiénes somos, ¿cómo vamos a saber nada de valor? Podremos creer que lo sabemos, pero no suele ser así. Todo lo que hacemos es proyectar nuestros prejuicios personales en cualquier situación que encontremos. Esto no refleja un conocimiento interior.

Nuestra educación tiende a estar relacionada con factores externos que nos ayudan solamente en materias económicas o profesionales y que nos aportan muy poco que nos permita crecer. No se nos enseña a concentrarnos en nuestra riqueza interior de conocimiento, en cómo trabajan nuestras emociones, nuestros instintos, nuestra alma. Todas estas cosas permanecen sepultadas por el ego y por la información exterior que la sociedad nos impone. Es muy poco frecuente que nuestros maestros sean sabios, razón por la cual la mayoría de los individuos pasa únicamente a través de procesos que no aportan nada que se salga de lo corriente. Cuando, por ejemplo, reaccionamos frente a fuerzas exteriores que nos enfurecen o nos ponen celosos o nos hacen daño, ¿cómo vamos a enfrentarnos a estas situaciones si no sabemos quiénes somos? Simplemente reaccionamos de forma refleja, y la situación no se resuelve.

No hay nada más difícil de lograr que el conocimiento de uno mismo y, aunque muchos afirmen que lo poseen, muy pocos llegan a adquirirlo de verdad.

Este conocimiento externo de ciencias, matemáticas, geografía, historia, política, religiones organizadas no aporta nada positivo para el crecimiento interior. La mayor parte de estas últimas, por ejemplo, son negativas para la vida porque su misma organización mata el espíritu de religiosidad original y, por ello, proporcionan muy poco en favor de nuestro crecimiento hacia una alegría positiva. No sabemos quién fue Buda ni quién fue Jesucristo. Sólo conocemos los prejuicios y la ignorancia que han pasado de generación en generación a través de sacerdotes que tampoco saben nada acerca de quiénes son ellos mismos y que tienen una fusta oculta lista para flagelar. Nos dicen que hablan con Dios y que, por tanto, están cualificados para hablarnos a nosotros. No saben nada de Dios, de modo que sólo nos dan su loca versión.

La vigilancia y la positividad son factores esenciales para adquirir la nueva sabiduría necesaria para que la vida nos aporte su energía. Podemos saber cuándo hemos encontrado algo esencial para nuestro crecimiento interior porque el entendimiento nos llega rápidamente. Es decir, comprendemos la verdad de nuestro nuevo descubrimiento sin gran esfuerzo, otro aspecto positivo de nuestra capacidad interior.

Usamos el conocimiento externo y objetivo que recibimos del mundo exterior en nuestro beneficio para pasarlo a otros, para aplicarlo a situaciones, a acontecimientos, etc. Por supuesto, esto es esencial para ganarnos la vida y para encontrar un entorno que, al menos, nos aporte la sensación de que algún día podremos sentirnos seguros, aunque no sea cierto. No hay nada malo en ello. El problema surge cuando este tipo de conocimiento obstaculiza todo lo demás. Estamos tan preocupados por nuestro conocimiento externo, por nuestra capacidad de ganar dinero, por nuestra satisfacción en las relaciones, etc., que abandonamos y olvidamos nuestro interior por completo. Sólo nos preocupamos por el exterior y nunca por el abandono y olvido al que hemos condenado a nuestra sabiduría y nuestro conocimiento interiores. Ésta es, una vez más, la única causa de que los seres humanos estén siempre en guerra, siempre rapiñando, siempre vengativos.

En Oriente se cuenta una especie de chiste que nos aporta una somera versión de este problema. Un político fue mordido por un perro. Unos días más tarde, el médico le informó de que las pruebas de laboratorio habían dado positivo, que el perro estaba rabioso y que él había resultado contagiado.

El político sacó un cuaderno y empezó a escribir furiosamente.

—¡Espere, espere! —exclamó el doctor—. No hay necesidad de empezar a hacer testamento. Se pondrá bien; esto tiene cura.

—¡Olvide el testamento! —gritó el político—. Ésta es una lista de las personas a las que voy a morder.

Sólo deseaba una cosa: usar la situación en beneficio de su ambición, dejando en segundo lugar su propia salud. Así es como, a menudo, nos comportamos en el mundo moderno.

[33]

■

Pretender hacer demasiado y con demasiada rapidez no es útil; sin embargo, enfrentarse sólo a pequeños aspectos que aporten poco proporciona pobres resultados.

Si acometes una maratón usando demasiada energía y entusiasmo, aspirando a metas muy altas, tu ego ganará, restaurando hábitos; el subconsciente establecido se mantendrá y las verdades que no deseas afrontar permanecerán escondidas. Toma las cosas una a una, pero no las delimites con demasiada precisión. Mantén tus recursos intactos.

Como siempre, Sun-Tzu enfatiza los equilibrios de la vida, el Camino del Tao. Acometer un esfuerzo demasiado grande y durante demasiado tiempo no produce buenos resultados. Del mismo modo, tampoco los dará tratar aspectos pequeños del crecimiento y el cambio con poca paciencia. Lo que aflora con estos excesos es el agotamiento del corazón y del alma, mientras que la mente ocupa su lugar con el ego. Con ello, volvemos a lo que teníamos antes; los hábitos existentes dominan otra vez. Así, los hábitos predominantes triunfan sobre la posibilidad de un cambio a mejor y lo viejo vuelve a instaurarse, escondiendo lo que no queremos afrontar.

Sólo es necesario mantener intactos los recursos de positividad y conocimiento de uno mismo. Examina un único aspecto de ti mismo cada vez y no analices demasiado. El análisis es un acto matemático, particular de la mente y operado por ella. En los psicoanálisis, los pensamientos examinan los pensamientos, una operación sin ningún objetivo. El corazón no analiza, pero prevalece y revela todos los detalles con un método mucho más sutil que los que conoce la mente.

Afirmamos que hemos acudido a «todos los grupos», a «todas las terapias», y que no hemos obtenido ningún resultado. Con ello pretendemos transmitir que somos demasiado profundos como para que hagan efecto las terapias corrientes, pero la verdad es que estamos operando sólo con la mente. Nuestros juicios de nosotros mismos son sencillamente negativos, con lo que, obviamente, el resultado va a ser también negativo. Hemos trabajado mucho y muy rápido, yendo de grupo en grupo, para conseguir un cambio en nosotros mismos, y no ha funcionado. El ego nos dice que el motivo es que somos demasiado profundos, demasiado complejos, y esto nos hace sentir orgullosos. Sin embargo, lo que de verdad ha sucedido es que no hemos hecho otra cosa que impulsar nuestro ego hacia delante tan deprisa como podíamos. Estuvimos años psicoanalizándonos y mira dónde estamos. Acudimos durante más años aún a terapias de grupo y mira dónde estamos. No hemos llegado a nada, pero aún tenemos el ego intacto. A decir verdad, tenemos un ego aún más fuerte que hace años, porque ninguno de los esfuerzos que hicimos tenía la base adecuada. Por eso perdemos una y otra vez: porque no nos hacemos la pregunta correcta, o porque la hacemos desde el lugar equivocado, desde el ego, en lugar de formularla desde el corazón.

Existe un maravilloso cuento acerca de un hombre que vivía en una ciudad que Buda visitaba a menudo. Durante cuarenta años, Buda acudió y habló a la gente y atendió a sus preguntas. Este hombre, un mercader que poseía una tienda, acudía y se sentaba ante Buda junto a toda la gente que rodeaba al maestro, y tras unos instantes volvía al trabajo. Nunca se quedaba más de unos pocos minutos; enseguida se inclinaba ante Buda y se iba.

Uno de los discípulos más cercanos a Buda le preguntó por qué hacía lo mismo una y otra vez, y el mercader respondió:

—Tengo un negocio que atender y nadie puede hacerlo por mí. Además, en ocasiones he tenido familiares de visita o mi mujer ha estado enferma.

Siempre decía lo mismo. Cada año que llegaba Buda y hablaba, el mercader actuaba igual.

Este hombre nunca se quedaba lo suficiente como para poder preguntar nada.

Después de cuarenta años, Buda estaba de nuevo en la ciudad, muy anciano y preparado para entrar en el Samadhi (paso del cuerpo a la unidad con la existencia) final. En una de sus charlas anunció a sus discípulos, que se encontraban congregados a su alrededor, que ya se iba hacia su descanso último, y les dijo:

—¿Tenéis algo que preguntar? Porque pronto entraré en el Samadhi final, el éxtasis final, y ya no podré volver a contestaros.

Los discípulos se quedaron sin habla y sin nada que preguntar, desconsolados ante la inminente muerte de su maestro.

En ese momento apareció el mercader y se abrió camino entre los monjes para situarse ante Buda:

—Debo verle. No lo he hecho nunca durante estos años, pero ahora debo hacer una pregunta.

Buda abrió los ojos y se sentó, deseoso de contestar a la pregunta de este hombre, pero el mercader no recordaba lo que quería preguntar, y era su última oportunidad.

—No recuerdo la pregunta —decía—, pero la próxima vez la recordaré, la próxima vez que te vea.

No hubo una próxima vez, porque Buda murió ese mismo día.

Una de las principales razones de que nosotros, en el mundo occidental, no podamos plantear la pregunta adecuada desde el lugar adecuado es la predominancia del ego occidental. En Oriente, gracias a la base proporcionada por el hinduismo y el jainismo, el ego del individuo es muy frágil, puede rajarse y romperse con mucha facilidad, ya que las religiones orientales no se centran en el poder y la presencia del ego, sino que, más bien, se rinden al maestro. Si desde la niñez eres consciente del concepto de rendición, que un maestro te desmantele el ego resultará, con toda probabilidad, algo muy sencillo. Obtener resultados, por tanto, será más fácil, pues si verdaderamente deseamos volvernos sabios o iluminados, el ego debe ser machacado en algún momento, y de esa muerte nacerán la verdad, la alegría máxima y el equilibrio, que están disponibles para todos nosotros.

En las religiones occidentales, sin embargo, el ego lo es todo y la sociedad enfatiza su importancia. Por eso, el intento, por parte de un maestro oriental, de resquebrajar esa dura concha que te rodea resultará difícil y doloroso, e incluso puede que nunca consiga liberarte. El ego queda ligeramente dañado, con una fractura del grosor de un cabello, pero permanece intacto y el discípulo abandona al maestro sin más efectos que resentimiento y sufrimiento. A causa de ello, odiará al maestro y odiará y mostrará resentimiento hacia el «culto» o la «religión» que le causó ese dolor. Esto sucede especialmente en los Estados Unidos, donde el ego es más fuerte que en cualquier otro lugar del mundo. Por eso, los norteamericanos suelen temer los cultos, los miran con ojos de sospecha, y esto da lugar a las peores formas de culto religioso, simplemente para confirmar sus sospechas. Todo se hace demasiado deprisa y sin el entendimiento interior de lo que se pretende hacer. Somos como flechas disparadas al aire, a gran velocidad, sin objetivo alguno, sin comprensión, moviéndonos por todas partes como resultado de nuestro erróneo condicionamiento, con lo cual provocamos que la flecha caiga en el sitio equivocado.

Toma las cosas una a una, pero no las delimites con demasiada precisión. Mantén tus recursos intactos.

[34]

■

Si no sabes quién eres, no te relacionarás adecuadamente. A menos que desees conocerte a ti mismo, tus peculiaridades, tus características, tus excentricidades, no podrás empezar el trabajo de adquirir el conocimiento de ti mismo. A menos que emplees tiempo en escuchar tus propios modos, no podrás maniobrar adecuadamente en tu propio territorio o en el de los demás.

He aquí la afirmación más simple. Si no sabes quién eres, no podrás saber quién es nadie más. Si estamos en una habitación a oscuras, no podemos vernos a nosotros mismos ni a los demás. En el momento en que la luz revela nuestra presencia en la habitación, también revela la presencia de otros que estén cerca de nosotros. En este contexto, la luz sólo puede conseguirse de nuestro interior.

Existe una vieja analogía sobre la diferencia entre la forma occidental de reconocimiento espiritual y la oriental. Es como la diferencia entre un hombre en un jardín con una linterna que tiene un haz de luz estrecho y otro hombre en un jardín en el que de repente se encienden los focos. Para el concepto cristiano occidental del descubrimiento espiritual, que significa aprender esto y aquello, necesitamos tener en nuestras manos una linterna con un haz de luz estrecho y concentrado. A medida que lo vamos dirigiendo a las flores, los árboles y el suelo, vamos descubriendo gradualmente lo que deseamos saber, paso a paso. Será una tarea ardua y el hecho de conocer una cosa a la luz de la linterna no nos dirá necesariamente nada del resto. Sin embargo, en la forma oriental de comprensión, en el budismo o el hinduismo, la luz grande y poderosa se enciende una vez e ilumina todo el jardín con un destello grande y dramático. Puedes ver todo en su contexto, en un momento, y entonces la comprensión, la iluminación (literalmente), te llega.

No se puede decir que un método sea mejor que el otro. La ética protestante nos enseña que el progreso es lo fundamental, que debemos movernos de «aquí» hasta «allí», y que cuanto antes lleguemos «allí», mejor. Esto, simplemente, realza la idea del progreso como fin último de la perfección, asunto que excede el objeto de este libro.

La gran luz que muestra todo en un único y gran destello es la antítesis del pequeño haz de luz de la linterna que muestra cada detalle y puede dar como resultado la revelación final. Pero si el camino que elegimos es la realización repentina, el *satori,* el acercamiento zen, ésta puede suceder en cualquier momento. No necesita un progreso o una práctica. No requiere un esfuerzo constante ni determinación. Sólo requiere un momento en el que suceder, sin razonamiento, sin propósito, sin un fin, sólo un momento en el presente. Esto es anatema para el pensamiento occidental, porque no se requiere pensar. Más bien, el pensamiento lo impide. Para encontrar este cambio instantáneo no se requiere un progreso, no tenemos que trabajar, meditar o aprender. Simplemente debemos estar presentes en ese momento y abiertos a lo que pueda venir, sea lo que sea.

[35]

∎

De este modo, el comienzo establece un pacífico cuidado hacia uno mismo que avanza gracias a la vigilancia y se adapta mediante la flexibilidad y el entendimiento.

Para poder encontrarte a ti mismo, hallar la verdad acerca de tu ser y comprobar la felicidad que subyace en ello, primero debes sentir el deseo de que eso suceda, y después contar con la determinación y la vigilancia para mantenerla en todo momento. Una vez que se han establecido como nuevos hábitos, siempre cuidadas y observadas, deben ir seguidas de la flexibilidad y el entendimiento. La flexibilidad surge de un deseo de aceptar el cambio, aunque no siempre resulte atractivo. El entendimiento debe surgir de la compasión, del deseo de aceptar quién eres, incluso si al principio parece no ser lo que desearías. Recuerda también que la vigilancia no es determinación o fuerza de voluntad, sino un deseo de mantener.

La magia de esto radica en que la existencia coincide con tu progreso, y en el momento en que te aceptas a ti mismo te vuelves absolutamente como desearías ser. No es un problema de ego o de engrandecimiento de ti mismo, sino una verdad simple y sencilla.

■

Por eso, cuando las cosas van bien y rápido, tu trabajo es como el viento. Cuando van despacio y con suavidad, es como el bosque; quema como el fuego, es sólido como una montaña.

Tu trabajo será misterioso. Su movimiento retumbará como lo hace el trueno.

Cuando descubras un aspecto familiar de ti mismo, usa las herramientas adecuadas. Cuando te abras a otros aspectos más amplios, recompénsate con el éxito.

El proceso de descubrirse a uno mismo es progresivo. Tanto si sentimos que hemos alcanzado un estado avanzado como si estamos en los principios, la búsqueda continúa sin que concluya nunca. De hecho, en el Camino nunca vamos por delante ni sentimos el deseo de concluir. Somos, sencillamente, peregrinos en camino hacia ninguna parte. «Adelantado» y «retrasado» son meros conceptos del ego y no significan nada en términos de la alegría que siente el alma por estar viajando por la vida de equilibrio, alegría y paz interior.

Para cada paso de este viaje debemos usar las herramientas adecuadas para ayudarnos, las herramientas de los cinco principios básicos que hemos mencionado anteriormente: el amor (el Camino), la consciencia, la vigilancia, el silencio y el poder. En algunos aspectos, la vigilancia es la más importante porque rápidamente caemos en la cuneta si no mantenemos la disciplina, nuestra alegría en cada paso. De hecho, con un truco muy simple podemos asegurar este aspecto de nuestro viaje. Cada mañana tenemos una alternativa: alegría o tristeza. Cuando nos desper-

tamos por la mañana siempre podemos elegir si estaremos alegres o tristes. Si permitimos que las fluctuaciones de nuestro
estado emocional y nuestros pensamientos nos dirijan, entonces,
a menudo, la tristeza, la depresión, la duda o el miedo pesarán
más que la alegría. Después de todo, hay muchas dificultades entre las que poder elegir. No nos llega el dinero, nuestra persona
amada no nos satisface, nuestros pensamientos son deprimentes,
nuestro cuerpo está enfermo... ¡Hay tanto que nos puede mantener bajos de ánimo! Elige tus pensamientos conscientemente.
Encuentra un pensamiento bueno, un estado de ánimo bueno. Es
así de sencillo, y al elegir la alegría superamos la identificación
con la tristeza.

Recompénsate por tus logros, por muy pequeños que sean.
Siempre puedes obtener algún logro; elígelo en lugar de elegir
el fracaso y recuperarás el Camino.

[37]

■

Retírate y medita después de cada etapa de tu trabajo. Aprende la medida de quién eres, lo lejos que puedes llegar. Ésta es la mejor regla para enjuiciarte y descubrirte a ti mismo.

Cuando sientas que has descubierto algo nuevo en tu vida interior, algo que no estaba allí antes, párate, quédate quieto y callado. Busca un lugar tranquilo y tiempo para sentarte a meditar y, en ese silencio, entra hasta el fondo de lo sucedido. Siéntelo. No lo analices; simplemente siéntelo. Siente su bondad y su alegría y felicítate con ese maravilloso silencio y lo que ha salido de él. Disfruta de la alegría que emana de ello y conserva la sensación resultante de tu propio buen progreso en tu corazón. Esto enfatiza y confirma lo encontrado dentro del cuerpo y del alma.

El problema estriba en cómo hallar el silencio. Ésta es la parte difícil, porque la mente está constantemente entrando y ocupando los espacios que yacen entre los pensamientos. Los pensamientos acuden a nosotros muy deprisa. Entonces, ¿cómo podemos situarnos en el espacio entre ellos? La mente no puede estar nunca en silencio. Preguntamos con la mente, y si preguntamos dónde está el silencio, resulta que éste no existe, porque es la mente la que está haciendo el silencio. Es como preguntar dónde está el arco iris. El arco iris no existe, es una ilusión, como la mente. La mente es simplemente un estado mental que causa, en último término, todos los problemas. Esto no quiere decir que la mente no tenga un fin. En realidad, es *todo* fin y tiene su utilidad, pero encontrar el silencio no es una de ellas.

Chuang-Tzu, uno de los tres taoístas más famosos, soñó una vez que se había convertido en mariposa. Al despertar, se sintió muy deprimido.

—¿Qué ha sucedido? —preguntó la gente.

—Me siento confuso. Durante la noche he soñado que era una mariposa —contestó Chuang-Tzu.

Sus amigos se sentían desconcertados; no entendían por qué este sueño podía preocuparle. Chuang-Tzu les explicó:

—Si en sueños puedo convertirme en mariposa, quizá una mariposa sueñe que es Chuang-Tzu.

¿Qué es lo real? La verdad es que nos hemos convertido en mentes. No hemos despertado a la realidad porque la mente se ha convertido en el todo. El verdadero despertar es el despertar sin mente. Cuando despiertas, no adquieres un estado mental de vigilia, sino un no estado mental; adquieres la no mente, el lugar del silencio.

¿Qué significa «no mente»? Es una pregunta difícil de contestar, pero a veces, sin saberlo, estamos sentados en una situación ordinaria, sin hacer nada de particular, sin ningún pensamiento en la mente, porque la mente no es más que una serie de pensamientos. No es nada sustancial, sólo una procesión de pensamientos, ninguno de los cuales quiere decir nada hasta que lo agarramos y hacemos algo con él. Sé consciente de esos momentos en los que no hay pensamientos; esto también es no mente.

Sin embargo, los pensamientos se mueven muy deprisa. ¿Cómo podemos hallar un intervalo entre ellos? Sin duda los intervalos están ahí, y cuanto más conscientes seamos de esos momentos sin pensamientos, más conocidos nos resultarán y más fáciles de mantener. Ese intervalo eres tú. Cuando la mente no está, ¿quién eres? ¿Chuang-Tzu o la mariposa? Ninguno de los dos. ¿Qué estado es ése? ¿Te encuentras en un estado mental iluminado? Si crees que tienes en un estado mental de iluminación, estás de nuevo ante un pensamiento. Si no hay pensamientos, no estás en ese estado. Si sientes que eres un Buda, esto es un pensamiento. Si crees que estás triste, eso es un pensamiento. Lo mismo si crees que estás alegre o aburrido o deprimido...; todos ellos son pensamientos. Ha entrado la mente, ya está ahí el proceso; de nuevo se ha nublado el cielo, se ha perdido el azul.

[38]

∎

La sabiduría antigua nos dice que, en materia de nosotros mismos y de nuestros usos, estamos sordos y ciegos, por lo que tenemos que tocar timbales para oír e izar banderas para ver. Fuentes sobredimensionadas producen una atención inicial, porque estamos dormidos y debemos ser despertados. Una vez que el esfuerzo ya está unificado y concentrado, no permitimos la presencia de pensamientos perdidos, callejones ciegos o desvíos irrelevantes. Ésta es la regla de la concentración del esfuerzo a través de la vigilancia.

El cuento original de los tres monos que están sordos, mudos y ciegos tiene un significado mayor que el popular que recordamos. Los monos eran una alegoría de la humanidad que realmente no puede ver, oír o entender la vida al completo. Creemos que vemos, pero perdemos el noventa por ciento de lo que se nos muestra porque estamos demasiado ocupados en algún otro lugar, en el pasado o en el futuro. Creemos que oímos, pero hay mucho más que sentir que lo que normalmente encontramos. Creemos que entendemos, pero sólo lo hacemos a través de la mente, que tiene una comprensión de la vida muy limitada.

En un nivel muy básico, por ejemplo, tomemos el arte de ver. Existe una gran diferencia entre *mirar* algo y *verlo,* en el sentido real del término. «Mirar» hace referencia a estar buscando algo, implica que ya se tiene una idea de lo que se está buscando. Llegas a un sitio y miras, buscando un edificio o una persona; tienes una idea, un imagen previa de lo que estás buscando. Esta forma de mirar ya es parcial. Si estás buscando a Dios, nunca lo encontrarás, porque si miras buscando significa que ya tienes una idea de lo que Dios es. Tu idea será, necesariamente, cristiana, judía, hindú o mahometana. Tu idea será tu concepto, y tu concepto nunca puede ser más alto que tú. Después de todo, es *tu* concepto. Tu concepto estará, obligatoriamente, enraizado en la ignorancia, será prestado. Como mucho, será sólo una creencia, es decir, te habrán condicionado a ella. Entonces, sigues mirando, buscando esa cosa.

Una persona que mira buscando la verdad nunca la encontrará, porque sus ojos ya están corrompidos. Ya tiene un concepto prefijado. No está abierto. Todas las interpretaciones serán acordes con una idea suya ya aceptada. No podrá ver la verdad. A un hombre que mire buscando algo, el objeto de su búsqueda le pasará siempre desapercibido.

Ver es sólo claridad: ojos abiertos, mente abierta, corazón abierto. No es mirar buscando algo en particular, sino simplemente estar preparado y receptivo. Pase lo que pase, te mantendrás alerta y receptivo. No tendrás nada preconcebido.

La verdadera visión está desnuda. Sólo puedes llegar a la verdad cuando estás totalmente desnudo, cuando te has deshecho de todas tus ropas, todas las filosofías, todas las teologías, todas las religiones, cuando has abandonado todo lo que se te había dado, cuando llegas con las manos vacías, sin saber nada. Cuando llegas con conocimientos, ya llegas corrompido. Cuando llegas con inocencia, sabiendo que no sabes, las puertas están abiertas. Sólo la persona sin conocimientos es capaz de saber.

En cierta ocasión, una persona que buscaba se acercó a Bayazid, el místico sufí, y le dijo:

—Maestro, soy una persona irascible. Me enfado con mucha facilidad, me enfurezco realmente y actúo en consecuencia. Más tarde, no puedo creer que pueda hacer semejantes cosas. Pierdo el sentido. ¿Cómo puedo deshacerme de esta furia? ¿Cómo puedo controlarla?

Bayacid tomó la cabeza del discípulo entre sus manos y le

miró a los ojos. El discípulo se sintió incómodo y Bayacid le dijo:

—¿Dónde está la ira? Me gustaría verla.

El discípulo rió inquieto y dijo:

—En este momento no estoy enfadado. Pero a veces sí lo estoy.

Entonces Bayacid respondió:

—Lo que sucede sólo a veces no puede ser tu naturaleza, sino un accidente. Viene y va, como las nubes, así que ¿para qué preocuparte por las nubes? Piensa en el cielo, que permanece siempre ahí.

[39]

■

Mantén tus intenciones claras, por delante de tus sentidos; ponte señales y recordatorios que te hagan permanecer vigilante, y practica noche y día.

Mediante esta vigilancia, deshazte de las punzadas de tu ego, del poder de tu pereza y de las trampas.

La verdadera vigilancia es un arte constante. No puedes nunca dejarla suelta. Debes mantenerte alerta en todo momento, y cuanto más practiques, más fácil será, pero ten en cuenta que no es el arte del hábito.

La vigilancia es lo opuesto a un hábito. En el momento en que se convierte en un hábito, deja de ser vigilancia.

La vigilancia es fresca, nueva y completamente diferente en cada momento, mientras que el hábito es el dormir, la somnolencia y el aburrimiento, el comportamiento automático.

Por eso debes tener, literalmente, señales en tu cabeza, en tu oficina, en tu casa, en cada habitación que te recuerden que debes estar consciente, porque si no lo haces se crearán hábitos, y todos los hábitos, excepto aquellos que te protegen del daño físico, son malos. El ser consciente está siempre despierto, incluso mientras duerme.

Al mantenerte siempre vigilante eliminas el ego y todos sus hábitos absurdos; eliminas la pereza y la trampa de los hábitos nacidos del miedo y de la duda.

[40]

■

Sé consciente de los ciclos diarios de energía. La mañana es siempre el mejor momento para trabajar; la mitad del día, un poco peor, y la tarde, el peor de todos. Elige tus momentos teniendo esto en cuenta: para trabajos corporales y meditación vigorosa, elige la mañana; para tomar conciencia de condicionamientos pasados y para el trabajo mental, elige la mitad del día; para la meditación y el trabajo espiritual, elige la tarde. De esta forma dominarás tus ciclos energéticos.

La mayor parte de nosotros ya conocemos este dato tan básico, pero es interesante que aparezca en un texto que, hasta ahora, ha sido considerado simplemente tratado de guerra táctica. Sun-Tzu tenía en cuenta todos los aspectos de la fragilidad humana y del poder, y uno de los más elementales es el funcionamiento del cuerpo humano y, por tanto, de la mente y del espíritu. Debes trabajar en el cuerpo a primera hora del día, porque es entonces cuando tiene el máximo nivel de energía y fuerza. Usa la energía de las primeras horas de la mañana para meditaciones activas, como *kundalini* o *dynamic,* o para correr, porque eso aportará calma y lucidez al cuerpo y a la mente y contribuirá a reducir el nivel de ansiedad y preocupación. El hecho de que te sientes sobre tus posaderas intentando permanecer quieto y tranquilo será, probablemente, inútil a menos que el cuerpo pueda ejercitar su poder y energía. La mayoría de nosotros debemos acudir a trabajos y situaciones estresantes que, sin una meditación física como las que hemos sugerido, incrementarán el grado de ansiedad y preocupación. Si, por el contrario, hemos dirigido la gran energía del cuerpo, tenemos mayores oportunidades de estar centrados y sin miedo durante la mañana.

La segunda recomendación es un poco menos obvia: «Para tomar conciencia de condicionamientos pasados y para el trabajo mental, elige la mitad del día». ¡No se pretende con esto describir un sueño de psicoanalista!

El proceso de reflexión sobre uno mismo no es un proceso de análisis, sino de estar alerta. Si bien la memoria y el pensamiento se necesitan para recordar sucesos del pasado, no así para convertirlos en nuestro centro e identificarnos con cosas que hayan podido ocurrir hace décadas. Eso no es otra cosa que la mente trabajando sobre sí misma. En cualquier caso, todo está en el presente, sin relación alguna con el pasado, porque el pasado no existe. Medita sobre el hoy, sobre el ahora, sobre este momento. Sucederán cosas del pasado. Déjalas estar. No las analices. Acéptalas como nubes pasajeras. Simplemente mantente alerta.

La diferencia entre el método del que medita y el método del que analiza es tanta como la que existe entre el día y la noche. El que medita es consciente de los recuerdos y pensamientos del pasado que permanecen en la mente. Puede acceder a ellos mediante sucesos del presente que disparan su recuerdo o mediante intentos deliberados de recordarlos. Sólo son importantes cuando alguna situación presente requiere corroboración o «prueba» o cuando el suceso pasado dejó, de uno u otro modo, una dolorosa «cicatriz» en la mente o en el corazón. El que analiza se centra en el suceso y se identifica con él, es decir, lo revive, mientras que el que medita no presta atención al efecto que pueda tener sobre la mente o el corazón: sencillamente lo deja estar, sin tocarlo; presta atención al efecto que tiene sobre el corazón y la mente, pero sin tenerlo en cuenta. Solamente es consciente del suceso. Es un poco como la diferencia entre pegar algo y dejar que se deslice por el dorso de un pato.

El que medita permite que se deslice, evitando usar cualquier tipo de pegamento. ¿Por qué vamos a revivir el pasado? Además, es imposible hacerlo, porque estamos en el presente, con lo cual el suceso sería distinto, porque tú eres distinto y, de un modo u otro, tu memoria es probablemente imperfecta. Ganan los patos.

[41]

■

Mantén tu vida siempre ordenada y atendida, y libera así a la mente de la ansiedad inducida por tu entorno. Vive con calma frente al caos. De este modo, el corazón permanece en paz.

Un simple consejo. Nada más que decir.

■

Dedica un tiempo simplemente a observar, en calma y quietud. Observa tus momentos seguros, tus momentos inseguros. Observa tu poder y tu debilidad. Así controlas tu propia fuerza y tu potencial.

Recuerda que has estado viviendo durante muchos años con hábitos que te son familiares. No te enfrentes a ellos con demasiada contundencia y rapidez. Sé el maestro de los flexibles y los compasivos.

En muchas de las escrituras espirituales orientales se menciona al «testigo» u «observador». Detrás de esta presencia, que no debería asociarse con una identidad, subyace la idea de que todos tenemos un aspecto de nuestra presencia espiritual en nuestro cuerpo que es, esencialmente, un testigo de todo lo que hacemos. La base de esto es que el testigo está detrás del cuerpo, de la mente, de los estados de ánimo o emociones y del espíritu, y separado de todos ellos. Sin embargo, está dentro de nuestras posibilidades acceder a este observador de nuestras vidas y darnos cuenta de que su presencia tiene un gran valor.

Imagina que el cuerpo, los pensamientos, los estados de ánimo o emociones son como nubes pasajeras y que estás sentado en una colina observando cómo pasan. Por muy poderosas que sean las nubes, por muy problemáticas, alegres o difíciles que sean, cualquiera que sea la cantidad de lluvia o sol que te ofrezcan, a ti, como *observador,* no te afectan. Es casi como si tu propia vida fuese una proyección en una pantalla, como una película, y nada de ello tuviera el más mínimo efecto sobre ti al pasar por tu consciencia. Esto es el *testigo,* esto es meditar.

En el hinduismo existe una expresión práctica de esto. Los

hindúes creen que existen el «cielo» y el «infierno», pero también una tercera existencia que llaman «Moksha». Moksha no es
ni cielo ni infierno, sino la ausencia de ambos, y es a lo que todos los hindúes aspiran. Para un cristiano, el cielo no es más
que deseo, mientras que el infierno es miedo. Moksha no es ni
deseo ni miedo, sino simplemente la presencia de ninguno de los
dos, es decir, puro silencio y paz. Sun-Tzu sugiere que observemos
tanto nuestros sentimientos seguros como nuestros sentimientos inseguros, nuestro poder y nuestra debilidad. Si permitimos
que esos sentimientos pasen sin identificarlos, alcanzamos el
Moksha. En efecto, dejamos ambas caras de la moneda y, en su
lugar, encontramos oro puro.

■

Aprende a no atacarte; sé amable y paciente contigo mismo. Sé consciente de los puntos sensibles mantenidos a lo largo del tiempo y a base de hábito.

Sé consciente de tu ego; puede ser artero y complejo. No te precipites hacia ti mismo en sitios en los que las fronteras están bien establecidas.

Tenemos la costumbre de castigarnos a nosotros mismos por cosas que nos parece que están mal o que perturban nuestra psique. Este automaltrato, que toma muchas formas distintas, en ocasiones muy complejas, es casi siempre una forma de autodefensa. A menudo también mentimos acerca de nosotros tanto a nosotros mismos como a los demás, y estos aspectos de nuestro condicionamiento pueden haber estado presentes y haber sido desatendidos durante una gran parte de nuestras vidas.

He aquí una historia acerca de una discípula que vivía en el ashram de un gran maestro oriental, casada con un hombre al que había mentido en un asunto amoroso. El marido acudió al maestro y le dijo que estaba celoso y enfadado con su mujer por su infidelidad, pero que lo que más sentía era un hondo dolor porque le hubiera mentido. Él había insistido una y otra vez para que ella le dijera la verdad, pero su esposa no le contaba lo sucedido o la razón por la que lo había hecho.

El maestro llevó al marido aparte y le dijo que dejara de acosar a su mujer, que ya conocía su infidelidad y que eso era suficiente. Ella había terminado con el asunto amoroso y estaba nuevamente con él y le amaba.

—¿Qué más quieres? —le preguntó el maestro—. Sus mentiras son un privilegio suyo. Esos detalles son su secreto y no debes pretender saberlo todo sobre ella. No puedes poseer a la otra persona. Sus mentiras están ahí para protegerla. Déjala tranquila con ellas, porque son como un tesoro secreto y no conocerlas no impide que os améis uno a otro.

Todos decimos mentiras, las decimos todo el tiempo. La mayor parte de las cosas pequeñas y delicadas están protegidas por nuestras mentiras, y tenemos todo el derecho de mantenerlas en secreto; pero esas cosas que son tan personales que necesitamos taparlas no justifican que nos maltratemos. Sé tierno contigo mismo; no hay nada malo en ti. La verdad elemental acerca de todos nosotros es que, en último término, somos perfectos tal y como somos. Nuestros juicios acerca de nosotros mismos son lo que nos lleva a juzgar a los demás, y estos prejuicios están equivocados, SIEMPRE.

[44]

■

Sé consciente de tus propios ardides, así como de tus venenos, y, por tanto, de los de los demás. Tu ego es complejo y vengativo. No te metas en un cajón de cuatro paredes: deja siempre una pared abierta. Haz aliados y acepta las debilidades. Éste es el principio del Camino.

Este admirable sutra es uno de los más hermosos e importantes de todo el tratado de Sun-Tzu. «Tu ego es complejo y vengativo. No te metas en un cajón de cuatro paredes: deja siempre una pared abierta.»

El ego humano siempre quiere ganar la batalla y, por ello, tiende a querer coger en una trampa al «enemigo», al que ve en cualquiera que desee impedirle cualquier tipo de progreso. Esta estrategia afecta tanto al «cazador» como al «cazado». Si no conseguimos ser amigables y armoniosos con nosotros mismos y con los demás, sólo lograremos hacer enemigos, tanto en nosotros mismos como entre los demás. Esto no es el Camino.

Un discípulo planteó al maestro indio U. G. Krishnamurti la siguiente pregunta:

—¿Cómo puedo cambiar el mundo?

La respuesta fue simple pero revolucionaria:

—Si renaces dentro de mil años, el mundo no habrá cambiado. Seguirá siendo caótico y loco. Cámbiate a ti mismo y armonízate con lo que el mundo sea. Así, cambiarás el mundo desde tu perspectiva.

Se cuenta una historia de un monje zen, profundamente inmerso en el descubrimiento de sí mismo, que había sido anteriormente sacerdote jesuita y estaba, por ello, acostumbrado a una disciplina férrea. Como siempre hacen los maestros zen, el del monasterio chino donde nuestro monje habitaba, raramente enseñaba mediante palabras; lo hacía mediante actos. De hecho, no le había dirigido una sola palabra al monje desde su llegada.

El monje zen solía meditar cada día durante horas. Gradualmente, su dedicación al silencio se fue incrementando al tiempo que crecía su alejamiento de los demás monjes. Llegó un momento en que se retiró a una cabaña en una montaña cercana y permaneció en ella día y noche durante una semana, sentado inmóvil y sin apenas comer. La cabaña estaba en un estado ruinoso y el monje construyó nuevas paredes de barro y paja con una pequeña puertecita en un lateral. El maestro zen lo observaba cada día durante sus paseos por la montaña, pero nunca se dirigía a él. Un día, el maestro descubrió que el monje había quitado la puerta y cerrado el hueco, para que no se pudiera entrar ni salir de la cabaña.

El maestro zen se acercó y derribó una de las paredes a patadas. De pie, a través del hueco que había abierto a golpes, azotó al sobresaltado monje zen en la cabeza con su bastón.

—La vida no tiene miedo de ti. ¿Por qué la temes? —le preguntó.

El monje estaba tan sorprendido de oír la voz de su maestro, que abandonó la cabaña inmediatamente. A partir de ese momento meditó con los demás monjes en los prados que rodeaban el monasterio. Después de esto, se le escuchó reír y bromear a menudo.

La vida espiritual no es esotérica. No lo es la vida en su conjunto. Está escrita en cada hoja de cada árbol, en cada guijarro de la costa; está contenida en cada rayo de sol. Todo lo que te encuentras es vida en toda su belleza. Y la vida no te teme, así que por qué va a esconderse. De hecho, la mayoría de nosotros nos estamos escondiendo. Nos estamos cerrando a la vida porque la tememos. Tememos vivir porque la vida requiere la muerte constante.

FLEXIBILIDAD

[45]

■

El corazón y el alma dirigirán el cuerpo y la mente del guerrero pacífico. El corazón y el alma del sabio eluden los terrenos difíciles. Los límites entre el corazón y el cuerpo deben estar bien establecidos para que no haya aislamiento, sino sólo confluencia.

Cuando no percibas la confluencia, tu primer objetivo debe ser alcanzarla. Cuando el terreno no acompañe, empieza de nuevo.

Si creo que la vida no me da nada, la vida actuará en consecuencia. Si creo que no puedo confiar en nadie, la vida me dará desconfianza. Si creo que debo luchar para ganar, la vida me dará batallas. Si soy feliz, compasivo y estoy en paz, la vida confluirá conmigo. Cualquier cosa por la que rece me será concedida por la vida al instante.

En medio de nuestra inconsciencia y del ruido que ocupa nuestras mentes y nuestros cuerpos, muy frecuentemente encontramos un terreno difícil sobre el que caminar. Nuestros trabajos nos producen estrés, nuestras vidas personales están llenas de ansiedad. Es cierto que muchos de nosotros estamos tan acostumbrados a este modo de vivir que no nos percatamos del ruido y del dolor. Creemos que es normal. Pero cuando tenemos una experiencia, por pequeña que sea, de confluir, en la que durante unos momentos, o incluso un día entero, las cosas parecen ir perfectamente, se nos abren nuevas perspectivas y empezamos a caminar por el sendero correcto: el Camino. «El corazón y el alma del sabio eluden los terrenos difíciles.» Podemos adquirir un nuevo hábito, siempre con la vigilancia presente, mediante el cual nos demos cuenta de que podemos contribuir a que la vida confluya con nosotros, podemos trabajar con ese objetivo de forma consciente, pero el método no es un «método» al uso, sino que consiste en hacernos accesibles a la confluencia, principal enseñanza de este libro.

[46]

■

No todos los caminos son el Camino. No todo amor es relajación. No todo poder da poder. No todo silencio transmite energía. No toda fuerza es vigilancia. Cuando estés entusiasmado, no ataques; cuando estés centrado, no busques cambios; cuando pises terreno firme, no caves; cuando escuches al corazón, no pienses sobre ello.

El Camino te encuentra, el amor te da alas, el poder provee, el silencio llega, la vigilancia demanda.

El maestro japonés Nan-In recibió la visita de un profesor de filosofía. Al servir el té, Nan-In llenó la taza del visitante y siguió echando. El profesor se mantuvo observando cómo se desbordaba la infusión, hasta que no pudo resistir más y exclamó:

—¡Alto! La taza está rebosando, ya no cabe más.

—Al igual que esta taza, estás colmado por tus propias opiniones y especulaciones. ¿Cómo voy a enseñarte zen si antes no vacías tu taza? —dijo Nan-In.

Nuestra educación y nuestros prejuicios sobre la vida, sobre nosotros mismos y sobre los demás nos han llenado la cabeza de opiniones, ideas y trastos desordenados. Como si se tratara de una tubería de desagüe atascada, tenemos tal desbordamiento que no podemos hacernos accesibles a la propia vida. No podemos confluir con la verdad de nuestra existencia. Dicho en palabras sencillas, estamos sordos, mudos y ciegos ante la vida, pero la vida sigue proveyendo. Todo lo que necesitamos es escuchar.

[47]

∎

El mejor guerrero pacífico, que sabe cómo mantener su terreno, sabe también cómo adaptar su poder y vigilancia. La estabilidad se encuentra en soledad si no va acompañada de flexibilidad.

El guerrero solitario no encuentra nuevos guerreros. La separación acarrea sufrimiento, la ocupación se deja para más tarde, el alma añora el crecimiento.

El ego siempre busca aislarse, pues de esta forma no puede ser criticado o perturbado por las interferencias de los demás y de la verdad de la vida, que no desea conocer. La búsqueda de riqueza es un intento de buscar el aislamiento. El fanático religioso busca el aislamiento a través de un conocimiento «especial» de Dios. El experto busca el aislamiento a través del aprendizaje. El político busca el aislamiento a través de la adquisición de poder. Todas las formas de estabilidad producen aislamiento porque en la estabilidad y la seguridad no hay flexibilidad.

Comparte tus conocimientos, tus descubrimientos, tu poder, tu belleza y tu verdad y estate preparado para que, como resultado de ello, cambien.

Esto no es lo mismo que la soledad. Estar solo es estar alegre sin nadie, sanar de la sociedad, el caos o la enfermedad.

[48]

∎

No consideres uno sin el otro. El beneficio camina de la mano de la desventaja. La alegría lleva; el dolor recluta.

Cada cosa tiene su complementaria: no hay placer sin dolor, amor sin odio, fortaleza sin debilidad, poder sin caída, enfado sin vergüenza; son compañeros, no contrarios. Siempre creemos que podemos tener uno sin el otro porque uno nos gusta y el otro nos disgusta. También creemos que nos gustaría ser más felices o más seguros, en lugar de tristes o dubitativos. En realidad, si sabemos que algo es complementario de lo que vemos como su opuesto, debemos permitirlos seguir. No necesitamos ser dubitativos o seguros, felices o tristes. Podemos, sencillamente, *ser.*

[49]

∎

El guerrero pacífico no espera oposición, y por ello no se ve defraudado.

Desde el punto de vista de las interpretaciones más corrientes de la traducción de *El arte de la guerra*, esto simplemente puede interpretarse como algo referido a la dominación: «El gran guerrero no se preocupa por la oposición porque sabe que puede ganar.» Pero puede que haya una forma diferente de considerarlo.

El guerrero pacífico no espera oposición porque ésta no supone un problema para él. Siempre se nos concede aquello que suplicamos. Si esperamos oposición, batallas y conflicto, la vida nos da batallas. Si coincidimos con los patrones naturales de la vida, con el Camino, el conflicto y la oposición sencillamente desaparecen. ¿Por qué querría oponerme a mí mismo? ¡Sería absurdo! Entonces, ¿por qué debería tener ninguna importancia la oposición de los demás? En ello no existe decepción porque, incluso si alguien se me enfrenta en respuesta a lo que él cree que es oposición, no me preocupa. No confluiré con esto.

[50]

■

Ten presente que cuando mires al interior descubrirás lo siguiente en el castillo del ego: el sacrificio hace que la residencia se derrumbe, el exceso de exuberancia hace que evitemos cambiar, el enfado no abandonará la vergüenza, la pureza es la madre de la corrupción, la determinación de amar sólo acarrea sufrimiento. Los proyectos fracasan si prevalecen estos cinco métodos.

Existe una muñeca japonesa llamada Daruma. Tiene una base muy pesada, y se tire como se tire, siempre vuelve a asentarse sobre su base y a ponerse de pie. No puedes hacer que se tumbe de lado o se ponga al revés. Siempre vuelve a ponerse derecha. «Daruma» es la palabra japonesa para designar a Bodhidharma, el budista que llevó el zen de India a China (donde recibió el nombre de «Chan»; mucho después llegó a Japón para recibir el de zen). Daruma ejemplifica el ego. Todos los maestros espirituales deben enfrentarse a la muñeca Daruma porque todos los seres humanos no iluminados, todos los discípulos, tienen una base pesada, son incapaces de estar en cualquier posición que no sea con el ego en la parte superior. Por muy fuerte que golpees el ego, volverá a su posición de control del ser.

En este sutra, Sun-Tzu nos da ejemplos específicos de lo que la presencia del ego, siempre tomando de nuevo el control, hará con el punto de vista del individuo. Sacrificarnos a nosotros mismos por otros o por situaciones fuera de nosotros mismos nos llevará, con el tiempo, a hundirnos. Si ponemos demasiada energía en una situación o en una persona, eso nos impedirá cambiar nuestros hábitos. El enfado siempre produce vergüenza y culpabilidad. La pureza siempre acarrea corrupción porque nadie puede ser puro jamás. He aquí la locura del fundamentalismo religioso. La determinación de amar sólo acarrea sufrimiento. Toda campaña emprendida para aprender acerca de nuestra verdad y de nosotros mismos fallará si prevalecen estos «métodos». La muñeca Daruma necesita caer para que podamos progresar.

CONTACTO

[51]

∎

Cuando está en contacto con otros, la guerrera pacífica se preocupa, primero, de sí misma. Siéntete satisfecho en tu cuerpo y en tu mente, fuerte en tu espíritu.

No lleves demasiado lejos tus esfuerzos por cuidar o enseñar; eres lo que eres, ni más ni menos.

El mundo está un poco loco. Padres y maestros intentan enseñar a los niños a amar a los demás. Las madres dicen a sus hijos: «soy tu madre; ámame», como si el niño tuviera que forzar al amor a existir sólo porque su madre lo dice. El marido dice a su mujer: «soy tu marido; ámame», como si el amor fuese un deber, como si el amor fuese algo que pudiera hacerse. En estas condiciones no se puede hacer otra cosa que fingir amor, y una vez que hemos aprendido a fingir amor, hemos perdido su verdad por completo. Entonces sonreímos y fingimos; reímos y fingimos, y todo es falsedad. En el mundo espiritual, nos sentaremos en silencio y fingiremos, meditaremos y fingiremos. El fingimiento se ha convertido en nuestro estilo de vida.

Abandona, con la práctica, todo fingimiento y encontrarás lo auténtico, ahí, esperando para estallar. No escuches lo que dicen los demás, porque así fue como aprendimos a fingir al principio.

El amor no es algo lógico, y enseñar a otros a hacer algo puramente lógico les causa un daño inmenso, convierte la vida en una obligación en lugar de permitir que sea una celebración. La vida como obligación no puede ser celebración nunca, porque no puedes reír. La obligación no es otra cosa que una carga, pero si nos damos cuenta de ello, podemos soltarla.

La meditación, o cualquier otro potencial de cambio, no es más que una situación. Por meditar no vamos a conseguir el silencio de forma automática. La meditación sólo prepara el terreno, el entorno. La meditación no te conduce al silencio; la meditación sólo crea la situación en la que el silencio puede tener lugar. El amor no llega automáticamente con la relación. La relación crea el terreno en el que puede tener lugar el amor, pero necesitas tener el amor dentro de ti. Esto no sucede porque te digan que ames. Ámate primero a ti mismo. Lo demás viene detrás.

[52]

∎

No intentes salvar al que se está ahogando. Deja que los que han perdido pie se hundan; no conoces sus necesidades. Adáptate sólo a los que nadan hacia ti.

Cuenta la historia que un hombre estaba sentado junto al Ganges, en Allahabad, en el momento en que se ponía el sol y el día llegaba a su fin. Otro hombre gritaba desde el agua:

—¡Sálvame! ¡Sálvame!

El hombre sentado junto al río no tenía interés en salvar a nadie, estaba demasiado cansado. Miró a su alrededor con la esperanza de que fuera otra la persona que socorriera a aquel hombre. Pero no había nadie, así que al final tuvo que saltar al agua. Era una tarea difícil, porque el hombre era pesado y gordo.

Consiguió sacarle, pero el hombre a quien acababa de salvar estaba furioso.

—¿Por qué me sacaste? —exclamó.

—Estabas pidiendo ayuda; me gritabas para que te salvara —contestó el hombre que le había salvado.

—Tenía miedo de morir, pero estaba intentando suicidarme —dijo el hombre gordo.

—Lo siento, no tenía ni idea de que estuvieras suicidándote —dijo el salvador.

Así que empujó al hombre al agua. Y éste empezó a gritar otra vez:

—¡Socorro!

—Puedes esperar a que venga otra persona. Yo me sentaré aquí y observaré cómo te suicidas —dijo el hombre de la orilla.

—¿Qué clase de hombre eres? —replicó el hombre que se ahogaba—. ¡Me estoy muriendo!

—¡Muérete! —respondió el otro hombre—. ¡Es asunto tuyo!

¿Cómo podemos saber lo que le sucede a la persona que yace junto a la carretera? Ésa es la actitud oriental: déjalo morir. Pero en Occidente es distinto, porque aquí no hay tanta pobreza y, además, la creencia en el karma es bastante escasa. Por eso, para que este sutra sea significativo para la mentalidad occidental, debe contener algo más sutil. Este sutra trata de nuestro deseo de cambiar mediante algún método deliberado. Trata acerca de los que nadan hacia nosotros, buscando el cambio, buscando ser salvados. Por tanto, no prestes atención al predicador o al fundamentalista que hay en ti. No prestes atención a tu salvador interior que pretende sacarte del agua. Eso es el ego, que no va a salvar nada. Estamos en un «sendero sin sendero» hacia la propia aceptación. Ninguna ética protestante y ninguna búsqueda cristiana nos ayudarán.

[53]

■

Permanece en tu propio poder y silencio. Permite que tu propio amor quede intacto. Nunca luches contra la corriente; permite que te lleve a ti y a los que encuentres.

La soledad es una fuerza curativa. Siempre que pienses que tus sentimientos están interfiriendo o dañándote, no trates de resolver el problema sobre la marcha, inmerso entre mucha gente y mucha actividad. Aléjate de la sociedad unos pocos días, o incluso unas pocas horas, y permanece en silencio, simplemente observándote, sintiéndote, solamente estando contigo mismo, y encontrarás una gran fuerza curativa a tu disposición. En algunas zonas de Oriente, las personas van a las montañas, a los bosques o allí donde puedan permanecer a solas durante un tiempo, donde no haya nadie que las moleste. Esta soledad proporciona una mejor oportunidad de ver por dentro lo que nos está sucediendo. La intención original de las vacaciones era ésa, la de dar a la gente la oportunidad de alejarse del ajetreo y del ruido de la vida cotidiana e ir a un lugar donde pudieran encontrar soledad y paz. Ésta es la razón de buscar una isla remota para pasar las vacaciones, aunque ni allí es posible a veces encontrar el suficiente grado de soledad.

Nadie es responsable de ti excepto tú mismo. Si estás atravesando momentos difíciles, eres el único que puede solucionarlo: después de todo, es algo que tú has hecho. Los hindúes afirman que seas lo que seas, es obra tuya; nadie es responsable por ti.

Si puedes estar tranquilo, viviendo contigo mismo durante unos pocos días, las cosas se arreglarán automáticamente, porque un estado de desequilibrio es antinatural y no durará mucho tiempo. Es necesario hacer un esfuerzo para que pueda prolongarse. Sencillamente, relájate y deja que las cosas sigan su curso, observa y no hagas ningún esfuerzo por cambiar nada. Esto no quiere decir que tengas que hacer algo una vez que estés en soledad. El «hacer» es lo que sucede en tu vida normal y sólo contribuye a aumentar la confusión. Como en un río que fluye, el lodo se posa, las hojas muertas van al mar y, poco a poco, el río se vuelve claro y puro.

[54]

■

*Mantén tu cuerpo y tu mente fuertes y saludables, especialmente
cuando trates con otros. Come bien, duerme bien, ejercítate bien, pero no
hagas nada en exceso. Nunca permitas que la enfermedad te alcance
cuando trates con otros, porque esto dañará tu centro y tu poder.*

*En situaciones de negatividad y sufrimiento, haz que aflore lo que
la vida tiene de grácil. Mantente positivo; éstos son tu momento y tu lugar. Sólo puedes dar lo que eres.*

Sun-Tzu daba gran importancia al concepto de liderazgo.
Mantenía que eran poquísimos los individuos capaces de enseñar y liderar a otros. A diferencia de los dirigentes modernos,
que se basan muy poco, o nada, en el silencio y la meditación,
y llevan a cabo su labor con caos y estrés, los dirigentes de Sun-
Tzu eran seres sabios y su consejo se extendía a los procesos de
conocimiento de sí mismos y de la belleza interior. Qué distinto sería este mundo si en la actualidad estas personas estuvieran
al frente de la política y los asuntos nacionales e internacionales.
Por desgracia, es poco probable que suceda así en un futuro pró-
ximo. Nosotros, como especie, hemos alentado la presencia de
individuos fundamentalmente avariciosos y problemáticos para
que nos dirijan. Por supuesto, esto se debe a que nosotros mismos carecemos de la sabiduría necesaria para elegir a los mejores dirigentes. Elegimos lo que somos.

Por el contrario, Sun-Tzu concentra su consejo en cualidades
muy personales e internas, como el ejercicio para el cuerpo, la salud de la mente y un centro fuerte desde el que partir.

[55]

■

En situaciones muy problemáticas, de conflicto, dolor ajeno y sufrimiento ajeno, espera en silencio, sitúate en tu propio centro y entra en el campo.

Cuando la vida o las situaciones son difíciles, lo primero que debes hacer es regresar a tu propio centro y actuar desde él. Tú, como ser evolucionado, puedes responder mejor a la crisis desde el único espacio seguro: tú mismo, tu semilla interior.

Para una plantita, el mundo en su conjunto es una crisis potencial; existen mil y un riesgos. Para la semilla, no hay peligro. La semilla está prisionera. Está protegida. La semilla es dura y segura, mientras que la planta es frágil y tierna y puede ser destruida muy fácilmente. La flor es aún más frágil, tan frágil como un poema. La fragancia de la flor es todavía más frágil, tanto que desaparece. Todo crecimiento se produce hacia lo desconocido, hacia lo tierno y frágil, hacia lo indefinible. Por eso, cuando afrontes una crisis, vuelve a tu centro, la semilla de tu existencia, porque desde ahí podrás actuar con confianza.

[56]

∎

Sé consciente de que encontrarás embaucadores y difíciles escollos a lo largo del camino. Tu confianza en la vida y en los que te rodean deberá saber, también, acerca de la desconfianza, el fraude, la manipulación y el peligro. El saber es el esposo de la inocencia. La madurez es hermana de la compasión. El bosque maravilloso está lleno de espinas.

> *El mundo es un lugar precioso*
> *en el que nacer*
> *si no te importa que la felicidad*
> *no sea siempre*
> *tan divertida,*
> *si no te importa recibir un toque del infierno*
> *de vez en cuando,*
> *justo cuando todo es maravilloso.*
> *Porque incluso en el cielo*
> *no cantan*
> *todo el tiempo.*

Este sutra y el siguiente tratan sobre el fraude y el engaño. Sun-Tzu alerta al guerrero pacífico y consciente de lo que sucede en el mundo y de lo falsa que puede ser la gente. Lo más fascinante son las categorías que elige.

[57]

■

Encontrarás quien simule estar silencioso y quieto. Encontrarás quien aparente ser sofisticado y poderoso. Te atraerán buscando tu sabiduría y fuerza genuina, tu talento y habilidad, tu amor y vigilancia. Sé consciente de que te estarán atrayendo por su propio beneficio, por su propia ganancia.

Encontrarás quien constantemente cambie de posición. Encontrarás quien haga fintas y maniobras de distracción frente a ti.

Encontrarás quien ponga vías secundarias para confundirte. Encontrarás quien ingenie numerosas distracciones para atraerte hacia ellas. Esta gente formará polvo, hará humo y colocará espejos por doquier para intentar engañarte. Levantarán soportes y bajarán raíces para hacer que te sientas falsamente estable.

Habrá quien hable suavemente pero ataque con rudeza. Habrá quien agite grandes palos pero huya.

Habrá quien aparente ser amable pero busque hacerte daño. Quien se acerque a ti sin sabiduría ni compasión estará buscando obtener ventaja.

Quien alardee de sus conocimientos delante de ti estará buscando compensar su debilidad.

Quien traiga sólo una pequeña sabiduría y permanezca sigiloso estará tratando de hacerte estúpido.

Las siguientes líneas están tomadas del Dhammapada de Buda, lo más parecido a una escritura que tienen los budistas:

Somos lo que pensamos.
Todo lo que somos proviene de nuestros pensamientos.
Con nuestros pensamientos hacemos el mundo.

Habla o actúa con mente impura
y los problemas te seguirán
Como la rueda sigue al buey que tira del carro,
tu vida está determinada por la naturaleza de la mente.
Una mente perturbada crea una vida miserable.
El sufrimiento sigue a esta mente
como el carro sigue al caballo.
Una mente silenciosa crea una vida pacífica.
La felicidad seguirá a esta mente
como una sombra omnipresente.
Al vivir en la confusión de una mente perturbada,
lo falso es tomado por verdadero
y lo verdadero por falso.
Al vivir en alerta con una mente silenciosa,
llegarás a la verdad
y reconocerás fácilmente lo falso como falso.
El odio nunca hasta ahora dispersó el odio.
Sólo el amor dispersa el odio.
Ésta es la ley,
antigua e inagotable.
Si los pensamientos de un hombre están sucios,
si es irresponsable y se ampara en la falsedad,,
¿cómo va a vestir la túnica amarilla?
Todo el que es maestro de su propia naturaleza,
brillante, claro y verdadero,
puede, sin duda, vestir la túnica amarilla.

La túnica amarilla era la vestimenta que llevaban todos los monjes budistas en tiempos de Buda. Todavía se usa hoy.

Los sutras de Sun-Tzu en esta sección de «contacto» son una espada de doble filo, porque se refieren tanto al individuo consciente como al inconsciente en una gran variedad de formas. También se refieren al potencial de caída del guerrero pacífico y consciente que puede ser engañado. Pero tienen un significado mucho mayor, y la cita del Dhammapada nos ayudará a apreciar la profundidad de lo dicho por Sun-Tzu en esta sección.

Estos sutras y las palabras de Buda tratan sobre las mentiras. Buda no estaba básicamente interesado en el mundo exterior, porque ésa no era su tarea. Estaba ligeramente interesado en la mente y sus métodos, porque para enseñar a sus discípulos necesitaba acercarse a ellos en el nivel al que estaban más acostumbrados, es decir, los pensamientos. Su mayor interés estaba centrado en el aspecto más interno del ser humano: el corazón y el alma de todos nosotros. Lo mismo puede decirse de Sun-Tzu, aunque muchas de las traducciones de su obra no lo enfaticen y se hayan considerado relacionadas fundamentalmente con el reino exterior, los aspectos subjetivos de nuestra existencia: la guerra, la estrategia, el terreno, etc. Esto es debido, únicamente, a que el ser humano, especialmente el varón, está interesado sólo en este aspecto.

Nos sentimos tremendamente preocupados por las mentiras. La verdad nos asusta tanto que deseamos escapar de ella. Las mentiras son una escapatoria, un escape hacia un mundo soñado que sostiene al ego. Los sueños nos mantienen alegres durante un tiempo, pero, como nunca se realizan, van seguidos siempre por la frustración. Dibujamos más sueños para compensar el fracaso del último sueño, en los que incluso nos decimos a nosotros mismos y a los demás que nuestros sueños se hacen realidad. Lo cierto es que nunca se hacen realidad porque el presente, cuando se alcanza, nunca es como el futuro predecía que iba a ser. ¿Cómo iba a serlo? Seguimos creando nuevas mentiras cuando las viejas han fracasado, con lo que inventamos nuevas mentiras. Después de todo, las mentiras se pueden inventar, mientras que la verdad no puede ser inventada. La verdad *es*. La verdad se encuentra, no se crea. Las mentiras se crean, no se encuentran.

La mente se siente bien cuando crea mentiras porque la mente es la creadora. Y cuando la mente se convierte en la creadora, se construye el ego. En realidad, no hay nada que hacer; y, como no hay nada que hacer, la mente para; y, al cesar el constante parloteo de la mente, ésta se evapora. Ésta es la razón de que debamos mentir todo el tiempo, soñar todo el tiempo y, por ello, mantenernos lejos del presente donde existe la verdad. Muy sencillo, pero muy difícil de hacer.

Dentro de la forma oriental de entender la espiritualidad, el mundo es ilusorio *(maya),* pero el mundo al que se refieren los orientales *(samsara)* no es el mundo objetivo, el mundo de hechos y ciencia, árboles y flores, etc., sino más bien el mundo que se teje en la mente. Y éste es el mundo del que, a menudo, se ocupa Sun-Tzu a lo largo de los sutras de este texto y, en especial, de esta sección, que se refiere a las mentiras que rodean al guerrero pacífico e intentan arrastrarle de vuelta a la inconsciencia.

Imagina que cesaran todos los pensamientos. ¿Quién serías, entonces? Por supuesto, no hay respuesta a esta pregunta, porque si te hubieran abandonado los pensamientos, cómo ibas a contestar con tu nombre, con tu identidad. Han cesado todos los pensamientos. Todo lenguaje ha desaparecido, incluso las palabras que usas para relacionarte con tu país de origen, con tu casa, con tu vida. Te has convertido en la nada. Buda usa la palabra «no-ser», *anatma*. En ese momento, que se puede conseguir incidentalmente, te quedas sin ego y eres simplemente un espejo de la existencia en beatitud.

Por eso, cuando Buda habla de la «mente impura» y cuando Sun-Tzu se refiere a aquellos que son «sofisticados y poderosos» y a los que constantemente «cambian de posición», se está refiriendo a la presencia de la mente misma, que es siempre impura en ese sentido porque existe en un mundo soñado de mentiras, y las mentiras arrastran al guerrero pacífico de vuelta a su mente, y la irrealidad le fuerza a perder la consciencia. La infelicidad seguirá a la mente impura, porque la infelicidad es el producto de la mente. Si hablas con la mente pura, te llegará la felicidad, inquebrantablemente.

Recuerda los cinco principios básicos de Sun-Tzu: el Camino (amor), la consciencia (el cielo en la tierra), la vigilancia, el silencio y el poder. El guerrero pacífico debe conservar estos cinco principios en todo momento, y encontrará muchas oportunidades de perderlos en los engaños del mundo objetivo.

ENERGÍA

[58]

∎

Existen cinco usos efectivos de la energía: energía para ti mismo, energía para los demás, energía recibida, energía para mantener una larga vida y energía que protege contra el peligro.

El mantenimiento y la obtención de energía deben tener una base, necesitan determinadas herramientas. Hay momentos adecuados para usar la energía con eficacia: cuando las condiciones son adecuadas.

Como norma general, cuando se precisa energía es importante responder rápidamente a esa necesidad. Cuando se precisa energía en el cuerpo y en la mente, las respuestas deben venir del entendimiento. Si el cuerpo y la mente están calmados cuando se precisa energía interna, no hay necesidad de actuar. Cuando la energía suba rápidamente y se alcance una gran intensidad, estate alerta: evalúa la necesidad de atención, haz uso de ella si es posible, permanece quieto dentro de ella si no lo es.

Pragmático y al grano, como siempre, Sun-Tzu empieza este sutra con las cinco formas en que la energía es útil. Comúnmente, consideramos la energía sólo en una forma, como algo que necesitamos para seguir moviéndonos.

Los maestros orientales también ven la energía en una forma, aplicable en muchos propósitos distintos, como deseo o compasión. Buda dice que sólo cuando el deseo ha abandonado el cuerpo, puede surgir la compasión. Si existe deseo (de posesiones, de sexo, por miedo, de trabajo, etc.), uno no puede ser compasivo jamás. La misma energía se usa para diferentes formas.

¿De dónde viene esa energía? ¿Del latir del corazón y del

consumo de comida y bebida? ¿Viene del sol y del viento? ¿Surge del calor del cuerpo, o de la salud y la fuerza del individuo? Si surge del corazón y del estómago, ¿por qué algunas personas tienen corazones fuertes y estómagos gordos y no disponen de energía? ¿Por qué algunas personas corren importantes carreras con gran energía y mueren jóvenes? No parece haber ninguna regla sobre la energía disponible.

A Jesucristo pertenece la siguiente parábola, que repitió varias veces en sus enseñanzas. Sucedió que un hombre muy rico necesitaba obreros para que trabajaran en su jardín, así que envió a un hombre al mercado. Se llamó a todos los obreros disponibles y empezaron a trabajar en el jardín.

Otros lo oyeron y llegaron por la tarde. Después lo oyeron otros y llegaron cuando el sol empezaba a ponerse. Pero el hombre rico les dio trabajo. Y cuando el sol se había ocultado, les llamó a todos y les pagó por igual.

Evidentemente, los que habían ido por la mañana se sintieron defraudados y exclamaron:

—¡Qué injusticia! ¿Qué tipo de injusticia es ésta? ¿Qué está haciendo? Vinimos por la mañana y hemos estado trabajando todo el día, mientras que esos vinieron por la tarde. Sólo han trabajado dos horas. Y unos pocos acaban de llegar. No han trabajado nada. ¡Esto es injusto!

—No penséis en los otros. ¿No es suficiente lo que os he dado? —contestó el hombre rico riéndose.

—Es más que suficiente, pero no es justo. ¿Por qué obtienen esos lo mismo que nosotros, si acaban de llegar? —respondieron los obreros.

—Se lo doy porque tengo demasiado, lo hago porque nado en la abundancia —dijo el hombre rico—. No necesitáis preocuparos por ello. Habéis recibido más de lo que esperabais, así que no comparéis. No se lo doy por su trabajo, sino porque tengo demasiado…, por el exceso de que dispongo.

Algunas personas trabajan muy duro para conseguir lo divino, otras no llegan hasta la tarde, y hay otras que lo hacen cuando el sol se está poniendo, y todas consiguen lo mismo.

Todos recibimos energía del mundo, del universo. Nuestros cuerpos la reciben y la distribuyen según su capacidad individual, pero todo proviene de la misma fuente.

AGRADECIMIENTOS

M E GUSTARÍA dar las gracias a mis maestros, que permanecerán en el anonimato; a mi maravillosa esposa, Manuela; a mi editor, Mitch Horowitz, por su sensibilidad; a Jeremy Tarcher por ayudarme a hacer esto realidad; y a mi gran amigo David Patten.

Si deseas recibir información gratuita
sobre nuestras novedades

- Llámanos

o

- Manda un fax

o

- Manda un ~~c~~

Nombr~~e~~ ....

Primer ~~a~~ ....

Segundo ....

Domicilio ....

Código Po ....

Población: ....

País: ....

Teléfono: ....

Fax: ....

E-mail: ....

El arte de la paz